परीक्षा में अव्वल कैसे आयें?

मेरिट में आने हेतु महत्त्वपूर्ण टिप्स

अरुण सागर 'आनन्द'

वी एण्ड एस पब्लिशर्स

प्रकाशक

वी एण्ड एस पब्लिशर्स

F-2/16, अंसारी रोड, दरियागंज, नयी दिल्ली-110002
☎ 23240026, 23240027 • फैक्स: 011-23240028
E-mail: info@vspublishers.com • *Website:* www.vspublishers.com

क्षेत्रीय कार्यालय : हैदराबाद
5-1-707/1, ब्रिज भवन (सेन्ट्रल बैंक ऑफ इण्डिया लेन के पास)
बैंक स्ट्रीट, कोटी, हैदराबाद-500 095
☎ 040-24737290
E-mail: vspublishershyd@gmail.com

शाखा : मुम्बई
जयवंत इंडस्ट्रिअल इस्टेट, 2nd फ्लोर - 222,
तारदेव रोड अपोजिट सोबो सेन्ट्रल मॉल, मुम्बई - 400 034
☎ 022-23510736
E-mail: vspublishersmum@gmail.com

फ़ॉलो करें:

हमारी सभी पुस्तकें **www.vspublishers.com** पर उपलब्ध हैं

© **कॉपीराइट:** वी एण्ड एस पब्लिशर्स

संस्करण: 2017

भारतीय कॉपीराइट एक्ट के अन्तर्गत इस पुस्तक के तथा इसमें समाहित सारी सामग्री (रेखा व छायाचित्रों सहित) के सर्वाधिकार प्रकाशक के पास सुरक्षित हैं। इसलिए कोई भी सज्जन इस पुस्तक का नाम, टाइटल डिजाइन, अन्दर का मैटर व चित्र आदि आंशिक या पूर्ण रूप से तोड़-मरोड़ कर एवं किसी भी भाषा में छापने व प्रकाशित करने का साहस न करें, अन्यथा कानूनी तौर पर वे हर्जे-खर्चे व हानि के जिम्मेदार होंगे।

मुद्रक: रेप्रो नॉलेजकास्ट लिमीटेड, ठाणे

प्रकाशकीय

प्रबुद्ध पाठकगण! प्रस्तुत पुस्तक 'परीक्षा में अव्वल कैसे आयें?' को आपके समक्ष रखते हुए हमें बेहद हर्ष हो रहा है, वर्तमान में बाजारों में 'मस्तिष्क' की क्षमता बढ़ाने, मेमोरी पावर को विकसित करने के लिए अनेक पुस्तकें मिलती हैं, जिनमें बढ़-चढ़कर अनेक दावे, वायदे किये गये रहते हैं, किन्तु 'परीक्षा में अव्वल कैसे आयें?' की यह पुस्तक विशेष रूप से आम पाठकों के लिए उपयोगी है, क्योंकि इसे विशेष तौर पर छात्रों की जरूरतों को ध्यान में रख कर लिखा गया है।

इस पुस्तक में स्मरण-शक्ति बढ़ाने की जितनी भी तकनीकें बतायी गयी हैं, वे पूर्ण रूप से मनोवैज्ञानिक हैं। इसमें लेखक द्वारा कहीं भी कपोल कल्पना का सहारा नहीं लिया गया है।

इस पुस्तक में विद्यार्थियों एवं सामान्य पाठकों की स्मरण-शक्ति बढ़ाने के अनेक, वैज्ञानिक तथा यौगिक क्रियाएँ दी गयी हैं, जिन्हें अपनाकर वे अपनी मानसिक क्षमता को बढ़ा सकते हैं। ये सभी उपाय विशेषज्ञों द्वारा पूर्णरूप से आजमाये हुए हैं।

इस पुस्तक की विशेषता यही है कि इसे पाठकों के साथ-साथ स्कूल कॉलेज में पढ़ रहे विद्यार्थियों के लिए भी लिखा गया है।

अकसर ऐसा होता है कि कुशाग्र-से-कुशाग्र बुद्धि वाला छात्र भी परीक्षा में अव्वल नहीं आ पाता, क्योंकि वह अध्ययन करने के विशिष्ट तौर-तरीकों को नहीं समझता। इस पुस्तक में न केवल सफल अध्ययन के बारे में विस्तार से बताया गया है, बल्कि इस बात की भी चर्चा की गयी है कि परीक्षा के अन्तिम दिनों में विद्यार्थियों को किस तरह से अपनी परीक्षाओं की तैयारियाँ करें और अव्वल आये।

आशा है, यह पुस्तक विद्यार्थियों/पाठकों का मनोरंजन तो करेगी ही उनकी मानसिक क्षमता को बढ़ाने में भी सहायक होगी। 'परीक्षा में अव्वल कैसे आयें?' पुस्तक प्रत्येक विद्यार्थी एवं पाठक के लिए उपयोगी एवं उत्कृष्ट पुस्तक है।

—*प्रकाशक*

विषय–सूची

परीक्षा में अव्वल कैसे आयें 6

- कुछ बातें विद्यार्थियों से..7
- पढ़ाई का तनाव और आप..14
- ध्यान लगाओ...तनाव भगाओ..21
- नोट्स कैसे तैयार करें?..25
- टाइम मैनेजमेण्ट...28
- सफल अध्ययन कैसे करें?..32
- आत्मविश्वास कैसे बढ़ायें?..39
- परीक्षा के अन्तिम दिनों में क्या करें?...................................43
- मेरिट में आने के लिए क्या करें?...51
- अपनी स्मरण-शक्ति फिर से परखिए....................................60

....और अन्त में...63

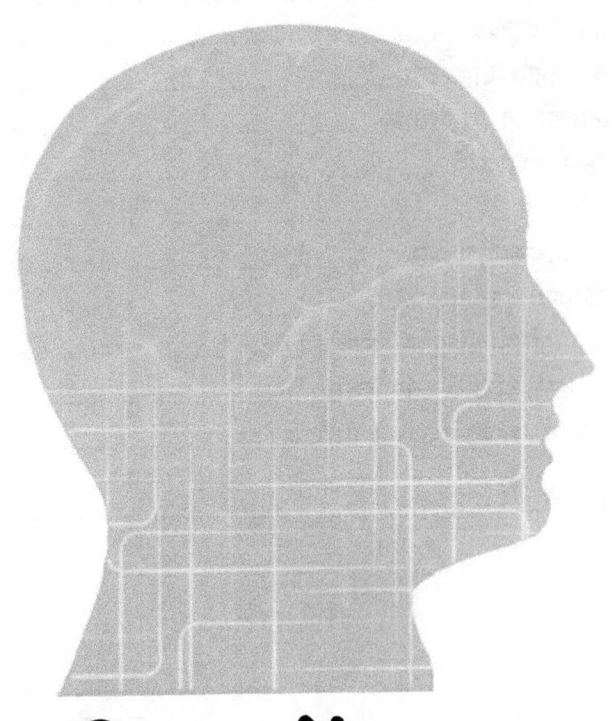

परीक्षा में अव्वल कैसे आयें

आपको यह तो पता ही होगा कि संसार में जितने भी महान् व्यक्ति हुए हैं, उनमें तेज़ स्मरण–शक्ति और तत्काल निर्णय लेने की क्षमता के विशेष गुण थे।

स्मरण–शक्ति के बारे में मनोवैज्ञानिकों का मानना है कि औसत दृष्टि से ज़्यादातर छात्रों की स्मरण–शक्ति एक जैसी होती है। बहुत कम छात्र मन्दबुद्धि तथा बहुत कम छात्र ही प्रखर बुद्धि के होते हैं। चिकित्सकों की राय में अधैर्य, चिन्ता, काम का बोझ तथा ऊब हमारी स्मरण–शक्ति को बेहद प्रभावित करते हैं। हम केवल उन्हीं बातों को भूलते हैं, जिन्हें हम भूलना चाहते हैं। जिन बातों की ओर हमारी विशेष रुचि होती है, उन्हें हम आमतौर पर नहीं भूलते। इसलिए मनोवैज्ञानिकों का यह कहना है कि स्मरण–शक्ति का हमारी रुचि से गहरा सम्बन्ध है।

यदि कोई विद्यार्थी तेज़ स्मरण–शक्ति का प्रदर्शन करता है, तो यह उसकी रुचि, एकाग्रता और अच्छी ऑब्ज़रवेशन का प्रतिफल है। और, किसी विद्यार्थी का पढ़ाई में ज़ीरो होना यह दर्शाता है कि उसकी पढ़ाई में बिलकुल रुचि नहीं है। अच्छी याददाश्त से ही विद्यार्थी अधिक विचारशील और बुद्धिमान समझा जाता है। इसलिए अच्छे व्यक्तित्व के लिए अच्छी याददाश्त का होना ज़रूरी है। भुलक्कड़ विद्यार्थी जहाँ अपना पाठ याद नहीं कर पाते, वहाँ वह अपने दैनिक जीवन के आवश्यक कार्य भी भूल जाते हैं, और इसी वज़ह से समय–समय पर नुकसान उठाते हैं।

भूलना भी ज़रूरी है

विशेषज्ञों के अनुसार ठीक ढंग से कुछ बातें भूल जाना बेहतर याददाश्त के लिए ज़रूरी है। अर्थात् मस्तिष्क से बेक़ार, अनुपयोगी, दूषित विचारों एवं अनावश्यक बातों का समय–समय पर भूलना ज़रूरी है। ऐसा करने से अच्छी याददाश्त को बनाये रखा जा सकता है। यदि आप हर प्रकार की बातें याद रखने लगें, तो एक अवस्था ऐसी आयेगी कि आपके लिए कुछ याद रख पाना सम्भव न होगा।

कुछ बातें विद्यार्थियों से

बिना उत्साह के कोई महान् उपलब्धि कभी नहीं हुई।

–इमर्सन

प्रत्येक को अपनी ही उन्नति में सन्तुष्ट न रहना चाहिए अपितु सबकी उन्नति में ही उन्नति समझनी चाहिए।

–ऋषि दयानन्द

प्रिय विद्यार्थियों! मेरिट में आने के लिए स्मरण–शक्ति का अच्छा होना बहुत जरूरी है। आजकल परीक्षा का स्वरूप काफ़ी बदल गया है। अब परीक्षाओं में एक बड़े प्रश्न के स्थान पर 10 छोटे प्रश्नों का उत्तर देना पड़ता है, जिसे वस्तुनिष्ठ प्रश्नों के नाम से जाना जाता है। ऐसे में आपकी स्मरण–शक्ति जितनी तेज़ होगी, परीक्षा में प्रश्नों को हल करने में आपको उतनी ही अधिक सफलता मिलेगी।

परीक्षा के अलावा जीवन में भी तेज़ स्मरण–शक्ति का होना बेहद ज़रूरी है।

भूलने के कारण

परीक्षा के दिनों में या सामान्य अवसरों पर मिलने वाले विद्यार्थियों की यही शिकायत होती है कि उन्हें याद की हुई बातें अधिक समय तक याद नहीं रह पातीं। ऐसा क्यों होता है? मनोवैज्ञानिकों ने भूलने के निम्नलिखित तीन प्रमुख कारण बताये हैं :

1. कुछ विषयों में अरुचि और उपेक्षा का भाव रखना तथा उसकी ज़रूरत को न समझ पाना।
2. किसी बात को याद रखने की पूर्ण इच्छा का न होना।
3. विषय को ध्यान से न पढ़ना और उसे समझने की कोशिश भी नहीं करना।

इस प्रकार हम देखते हैं कि रुचि और एकाग्रता, भूलने का अहम कारण है। इसके अलावा याददाश्त की शक्ति का कमज़ोर होने के और भी कई कारण हैं, जैसे—बराबर चिन्ता करना, भविष्य की अनावश्यक चिन्ता करना, निकटतम व्यक्ति की मृत्यु होना तथा सिर में चोट आदि का लगना।

भूलने की आदत से कैसे बचें?

आपने कई विद्यार्थियों को अपने भूलने की आदत के कारण परेशान तथा अपनी याददाश्त को कोसते हुए देखा होगा। इनकी शिकायत रहती है कि इन्हें तथ्य जल्दी से याद नहीं हो पाते। यदि याद हो भी जायें, तो ये उन्हें बहुत जल्द भूल जाते हैं। वैसे तो यह बात बड़ी सामान्य लगती है, लेकिन यदि गहराई से देखा जाये, तो इसकी बातों से छात्रों में एक तो हीनभावना घर करने लगती है और दूसरा उनमें आत्मविश्वास की कमी आती है। आत्मविश्वास की कमी उनके भूलने के अवगुण को और अधिक बढ़ाती है। फिर धीरे-धीरे यह एक आदत बन जाती है और फिर इस आदत के कारण मस्तिष्क की कार्यक्षमता में कमी आ जाती है। इसमें कोई दो राय नहीं कि याद करना मस्तिष्क का स्वभाव है, लेकिन उसके भी कुछ नियम होते हैं। बिना समझे ग़लत ढंग से याद करने पर न केवल अधिक समय बरबाद होता है, बल्कि याद की हुई पाठ्य-सामग्री स्थायी नहीं हो पाती है। यहाँ कुछ ऐसी ही सामान्य बातें बतायी जा रही हैं, जिनको अपना कर आप अपनी याददाश्त को बढ़ाने में मदद ले सकते हैं—

अपने लक्ष्य को याद रखें

यदि आप परीक्षा की मेरिट लिस्ट में अपना नाम शामिल करवाना चाहते हैं, तो आपको

अपने अवचेतन को, जब भी आपको समय मिले, आपको यह निर्देश देना है कि वह आपका नाम मेरिट लिस्ट में दर्ज कराये। इसका परिणाम यह होगा कि आपके मन में लक्ष्य के प्रति रुचि जाग जायेगी और जब भी पढ़ेगे, तो वह पाठ आपको अच्छी तरह से याद हो जायेगा।

गहन रुचि लें

(मनोवैज्ञानिकों का कहना है कि जिस काम को आप मन लगाकर करेंगे, वह कठिन होते हुए भी आपके लिए सरल हो जायेगा और आपको उसमें शर्तिया सफलता मिलेगी।)

जो विद्यार्थी अपनी पढ़ाई से प्रेम करते हैं, जिस पाठ्य–सामग्री को याद रखना चाहते हैं, वे उसमें गहन रुचि लेते हैं और तथ्यों को समझ कर याद करते हैं, तो वह पाठ्य–सामग्री अधिक समय तक याद रहती है। इसके विपरीत जिन विद्यार्थियों को अपनी पढ़ाई से लगाव नहीं होता, उसमें कोई रुचि नहीं होती और पढ़ाई को भार समझते हैं, वे जो कुछ भी पढ़ते हैं, शीघ्र भूल जाते हैं।

मानसिक रूप से शान्त रहें

घबराहट, परेशानी, मानसिक तनाव और भयभीत अवस्था में याददाश्त कमज़ोर पड़ जाती है। आपका मन जितना शान्त, स्थिर और प्रसन्न होगा, आपकी याददाश्त उतनी की ज़्यादा अच्छी होगी। मन को एकाग्र कर पढ़ने और समझने से पाठ जल्दी याद होता है। इसलिए आप मानसिक तौर पर हमेशा तैयार रहें। इसके अलावा अपने दिन के महत्त्वपूर्ण कार्यों को अपनी डायरी में नोट करते रहें। इससे आप कार्य भूलने की चिन्ता से निश्चिन्त होकर दिमाग़ी तौर पर अपने–आपको स्फूर्तिवान महसूस करेंगे ।

सबसे पहले विषय को समझें

कोई भी विषय याद करने से पहले अच्छी तरह समझ लें। विषय को समझ कर याद करने की क्रिया ज़्यादा लम्बे समय तक आसानी से याद रहती है, जबकि बिना समझे–बूझे, बस तोते की तरह पाठ रटने से वह शीघ्र की याददाश्त से गायब हो जाती है और उस पर आपकी की गयी सारी मेहनत बेकार चली जाती है।

गहन चिन्तन करें

जिन विषयों को आपने पढ़ा है, उन पर गहन चिन्तन करना बेहद ज़रूरी है। जब विषय आपको अच्छी तरह से समझ में आ जाता है, तब उस विषय की आपके मन में गहरी छाप पड़ती है।

दोहराना

पाठ को समझ कर जब याद कर लें, तो उसे स्थायी तौर पर याद रखने के लिए उसका दोहराना अत्यन्त आवश्यक है। जब भी नियमित रूप से किसी पाठ को अच्छी तरह से समझ कर दोहराते हैं, तो उसकी हमारे मन में अमिट छाप पड़ जाती है। इस बात को आप यों भी समझ सकते हैं कि जिस कच्चे रास्ते पर बहुत से लोग आते–जाते रहते हैं, वहाँ पगडण्डी अपने–आप बन जाती है। ठीक इसी तरह जब कोई बात बार–बार हमारे मस्तिष्क तक पहुँचने का रास्ता बनाती है, तब उसकी हमारे मस्तिष्क पर गहरी छाप पड़ जाती है।

एकाग्रता बनाये रखें

यदि आप पूरी एकाग्रता से किसी पाठ को पढ़ेंगे, तो वह आपको अच्छी तरह से याद हो जायेगा और लम्बे समय तक आपको याद रहेगा। यदि आप बिना एकाग्रता से पाठ नहीं पढेंगे, तो उसे आप याद नहीं रख पायेंगे। इसलिए किसी भी विषय को पढ़ते समय आपको उसे पूरी तरह से एकाग्र होकर पढ़ना चाहिए।

याददाश्त की विशेष तकनीक

जब आप परीक्षा की मेरिट लिस्ट में आने का लक्ष्य बनाते हैं, तो आपको पाठ याद करने की सामान्य विधियों के अलावा याददाश्त बढ़ाने की विशेष तकनीक और तरीक़ों को भी अपनाना पड़ेगा, तभी आप मनचाही सफलता हासिल कर सकते हैं। अपने इस ध्येय को पाने के लिए आपको अलग से प्रयास करने की ज़रूरत नहीं है। आप बस परीक्षा से कुछ दिनों पहले इस पुस्तक को दोहरा लीजिए। इसमें बतायी गयी तकनीकें आपके मानसिक पटल पर ताज़ा हो जायेंगी और आपको वह सब याद आने लगेगा, जिसे कि आप भूल चुके हैं। इस पुस्तक में बतायी गयीं सारी तकनीकें आपमें आत्मविश्वास का अनोखा संचार करेंगी, जिसकी वजह से आप अपनी परीक्षा में अव्वल आये बिना नहीं रह सकेंगे।

बातचीत करें और स्मरण-शक्ति बढ़ायें

पाठकों! आपको यह बात बड़ी अजीब लग रही होगी और आप यह सोच रहे होंगे कि भला बातचीत के द्वारा भी कोई अपनी याददाश्त बढ़ा सकता है। लेकिन यह बात बिलकुल सच है।

असल में कई बार ऐसा होता कि आप कोई पाठ, चुटकला या कहानी पढ़ते हैं, तो वह आपको काफ़ी दिलचस्प लगती है। आपको लगता है कि इसे कण्ठस्थ करना चाहिए, ताकि आप औरों को भी सुनाकर उन पर अपना प्रभाव डाल सकें। इसी प्रकार अपने जीवन की मधुर, कटु स्मृतियों या तथ्यों को यदि आप याद रखना चाहते हैं, तो उसके सम्बन्ध में अपने दोस्तों व जान-पहचान के लोगों से मौक़ा मिलते ही बातचीत करके उन्हें सुनायें। ऐसा करने से न केवल आपकी याददाश्त को फ़ायदा होगा, बल्कि बातचीत करने की आदत से आपका ज्ञान भी बढ़ता जायेगा। इससे विषय को समझने में भी सफलता मिलेगी और कई बार दुहरा कर सुनाने से याद की हुई बातें भी आपके दिमाग़ में हमेशा के लिए बैठ जायेंगी।

बहुमूल्य है, आपकी कल्पना-शक्ति

आपकी कल्पना-शक्ति एक मूल्यवान पूँजी है, जो सृजन-कार्य करती रहती है। इसी सृजनशीलता को कल्पना-शक्ति के बल पर श्रेष्ठता प्रदान की जाये, तो आश्चर्यजनक परिणाम होते हैं। बस, ज़रूरत इस बात की है कि आप अपनी कल्पना-शक्ति का उपयोग जी-जान से करें और एकाग्रचित्त होकर इस शक्ति को अपने अध्ययन में लगा दें।

सह-सम्बन्ध का तालमेल बैठायें

जिस विषय को आपको याद करने में कठिनाई होती हो, उसका किसी अन्य वस्तु या घटना से सह-सम्बन्ध स्थापित कर अध्ययन करेंगे, तो वह विषय आपको आसानी से याद हो जायेगा। मन के भीतर पुरानी याद की गयी सामग्री चुम्बक जैसा कार्य करती है। अतः नये तथ्य को किसी ऐसी चीज़ से जोड़ दें, जो आपके दिमाग़ में पहले से बैठी हो। कहने का मतलब यह है कि विषय की जितनी अधिक जानकारी आपके दिमाग़ में पहले से बैठी होगी, उतनी ही आसानी से उस विषय की नयी-नयी बातें आप याद रख सकेंगे।

अपने साथ हमेशा एक डायरी रखें

आपका दिमाग़ आपके शरीर का सबसे महत्त्वपूर्ण अंग है। उस पर दैनिक-जीवन की छोटी-मोटी बातों का अनावश्यक भार न डालें। उसकी याददाश्त की क्षमता बनी रहे, इसके लिए ज़रूरी है कि आप दैनिक-जीवन में किये जाने वाले कार्यों का अपनी पॉकेट डायरी में या घर पर इंगेजमेण्ट पैड में नोट कर लें। डायरी में काम की बातें नोट करने से आपकी स्मरण-शक्ति पर ज़्यादा बोझ भी नहीं पड़ता और आप अपने सारे काम बड़े सलीक़े से कर सकते हैं।

अपना पाठ एक बार में ही पूरा याद करें

मनोवैज्ञानिकों का कहना है कि पाठ को एक बार में ही पूरा पढ़ कर याद करना चाहिए, न कि टुकड़ों में। इससे समय और शक्ति का नुक़सान नहीं होता और अधिक सामग्री लम्बे समय तक याद रहती है। यह माना कि काम-चलाऊ दृष्टि से टुकड़ों में पढ़कर याद करना ठीक लग सकता है, लेकिन स्थायी असर के लिए एक बार में पूरा पाठ ही याद करना श्रेष्ठ होता है। इस विधि को अमल में लाने के लिए यह ज़रूरी है कि पाठ में आये कठिन भागों को पूर्व में ही समझ कर सरल बना लिया जाये, ताकि लिखते समय किसी प्रकार की अड़चन न आये।

✻✻✻

पढ़ाई का तनाव और आप

शान्ति के समान कोई तप नहीं, सन्तोष से बढ़कर कोई सुख नहीं, तृष्णा से बढ़कर कोई व्याधि नहीं और दया के समान कोई धर्म नहीं।

—चाणक्य

मनुष्य की शान्ति की परख समाज में ही होती है, हिमालय की चोटी पर नहीं।

—महात्मा गाँधी

अपने भीतर ही शान्ति प्राप्त होने पर सारा संसार ही शान्त दिखायी देने लगता है।

—योगवासिष्ठ

प्रिय पाठकों! आज के भाग–दौड़ और प्रतिस्पर्धा के युग में व्यक्ति का तनावग्रस्त रहना आम बाता है। वैसे देखा जाये, तो थोड़ा–बहुत तनाव हमारे लिए बेहतर होता है, क्योंकि यह हमें आगे बढ़ने की प्रेरणा देता है, लेकिन जब यह तनाव पढ़ाई के रूप में विद्यार्थियों को जकड़ लेता है, तो विद्यार्थियों की पढ़ाई पर काफ़ी बुरा असर पड़ता है। वे अपनी पढ़ाई ठीक ढंग से नहीं कर पाते और हरदम चिन्ता की आग में धधकते रहते हैं। ऐसे छात्रों की पढ़ाई के तनाव को दूर करने के उपायों पर ज़रूर ग़ौर करना चाहिए।

विद्यार्थियों को पढ़ाई के तनाव से छुटकारा दिलाने के लिए मैं यहाँ कुछ सुझाव दे रहा हूँ। मैं आशा करता हूँ कि विद्यार्थी इन विधियों को उपयोग में लायेंगे और तनाव से मुक्त होकर परीक्षा में अच्छे अंक लायेंगे।

समय का उचित प्रबन्धन—आपको बेहतर नतीजा पाने के लिए पढ़ाई पर काफ़ी ध्यान देना होगा। अगर आप पहले से ही सारी योजना बना लेंगे, तो आपको अधिक तनाव का सामना नहीं करना पड़ेगा। अपनी पढ़ाई के लिए पूरी योजना बनायें। पढ़ाई के बीच छोटे ब्रेक लें, ताकि आपका दिमाग़ तरोताज़ा हो जाये। इसके अतिरिक्त बाक़ी प्रबन्धन–टिप्स भी मददगार हो सकते हैं।

व्यवस्थित रहें—आपको चाहिए कि आप नोट्स लेने और एसाइनमेण्ट तैयार करने का एक सिस्टम बनायें। इससे आपको पता रहेगा कि आपको आगे क्या करना है। ऐसे में आपकी पढ़ाई का तनाव काफ़ी हद तक दूर हो जायेगा, क्योंकि आपके पास हर काम की डेडलाइन होगी और आप अव्यवस्था से होने वाले तनाव से भी मुक्ति पा जायेंगे।

उचित वातावरण—आप पढ़ाई करने के लिए उचित वातावरण अवश्य बनायें। ताकि आप बिना किसी बाधा के अपनी पढ़ाई कर सकें।

पढ़ने का तरीक़ा जानें—क्या आप जानते हैं कि हम सब एक ही तरीक़े से नहीं सीखते। आपको यह ज़रूर जानना चाहिए कि आप देखकर सीखते हैं या फिर सुनकर। यह जानने के बाद आप उसी के अनुसार पढ़ाई करेंगे, तो आपका पढ़ने में मन भी लगेगा और आपको तनाव का सामना भी नहीं करना पड़ेगा।

मानसिक चित्रण का अभ्यास—मानसिक चित्रण व कल्पनाशीलता तनाव–प्रबन्धन तकनीकें हो सकती हैं। आप कल्पनाशीलता से भी तनाव घटाकर, अपने प्रदर्शन में सुधार ला सकते हैं। आपको कल्पना करनी होगी कि आप अपना लक्ष्य पा चुके हैं। प्रतिदिन मानसिक चित्रण के लिए थोड़ा समय निकालें। ऐसी कुछ भी कल्पना करें, जो आपको सफलता तक ले जाने का मार्ग प्रशस्त कर सके। फिर कड़ी मेहनत करें और अपना सपना साकार करें।

आशावादी रवैया अपनायें—यह बात बिना किसी विवाद के साबित हो चुकी है कि आशावादी लोग बहुत आसानी से अपनी असफलताओं से उबर जाते हैं। वे तनाव से नहीं घिरते और ढेर–सी सफलता अर्जित करते हैं। आप भी आशावादी बनें, ताकि पढ़ाई में सकारात्मक परिणाम पा सकें।

भरपूर नींद लें—देखा गया है कि तनाव को दूर करने के लिए भरपूर नींद बेहद

ज़रूरी है। इसलिए आप पूरी नींद लें, जो कि 6 घण्टे से लेकर 8 घण्टे तक की भी हो सकती है।

तनाव-प्रबन्धन तकनीकें–गहरा तनाव, आपके सीखने की क्षमता को प्रभावित करने के साथ–साथ आपके प्रदर्शन को बुरी तरह प्रभावित करता है। आप आसानी से तथ्य व आँकड़े याद नहीं रख पाते। एक नियमित तनाव प्रबन्धन तकनीक अपना कर आप अपने तनाव से छुटकारा पा सकते हैं। इस तरह आप स्वतन्त्र रूप से सभी निर्णय भी ले पायेंगे।

पढ़ने के कौशल- आपको पढ़ने के कौशल भी सीखने होंगे। इन पढ़ाई तकनीकों से आप अपने प्रदर्शन में नयी जान डाल सकते हैं। आपकी तैयारी जितनी अधिक होगी, तनाव उतना ही कम होगा।

तनाव से बचाव की तकनीकें

लम्बी साँस-ज़्यादा तनाव होने पर एक लम्बी साँस लीजिए। पहले पेट को फुलाइए और फिर उसमें जमा हुई साँस को ऊपर की ओर खिसकाइए। इसके लिए साँस छोड़े बिना फूल हुए पेट को पिचकाने की ज़रूरत पड़ती है। साँस को कुछ क्षण अन्दर रोकें और फिर धीमी गति से बाहर छोड़ दीजिए। साँस लेने और छोड़ने में नाक का इस्तेमाल करें। साँस छोड़ने के बाद धीमी आवाज़ में अपने आपसे कहिए–'आराम'।

तीन मिनट का नुस्ख़ा—माँसपेशियों को आराम पहुँचाने के लिए तीन मिनट के इस तरीक़े को अपनाया जा सकता है—

आराम करने की अवस्था में बैठ जाइए और आँखें बन्द कर लीजिए।

➤ साँस खींचिए और उसे क़रीब 6 सेकेण्ड तक रोके रहें। इसी बीच जितनी माँसपेशियों में तनाव पैदा कर सकें, करें।

➤ धीरे–धीरे साँस छोड़िए और बदन को ढीला छोड़ दीजिए। क़रीब 20 सेकेण्ड तक लयबद्ध ढंग से साँस खींचिए व छोड़िए।

➤ ऊपर बतायी गयी विधियों को दो–तीन बार दोहराइए। आपका तनाव उड़नछू हो जायेगा।

ज़ोर का ठहाका लगाना—एक खुला ठहाका मारकर आप बड़े–से–बड़े तनाव में कमी ला सकते हैं। अनुसन्धान से पता चला है कि हँसी से मस्तिष्क प्राकृतिक दर्दनाशक स्राव छोड़ता है।

गरम पानी से स्नान—गरम पानी से स्नान करने से भी चित्त शान्त हो जाता है। तनाव दूर करने का यह सबसे पुराना नुस्ख़ा है। पानी का तापमान 100 से 102 डिग्री फारेनहाइट तक हो, तो बेहतर है। क़रीब 15 मिनट तक इससे नहाइए और फिर इसका कमाल देखिए।

ठण्डा जल—काम या पढ़ाई समाप्त करने के बाद आप ठण्डा जल या फलों का रस पीजिए। इसके बाद 10 मिनट तक किसी शान्त स्थान पर आँखें मूँदकर बैठे रहिए।

खुद से बात—तनाव से निपटने के लिए अपने–आप से बात करना भी एक कारगर तरीक़ा है। अगर आप किसी समस्या पर अपने–आपसे बात करते हैं, तो आपके दिमाग़

में एक—से—एक बढ़कर एक सुझाव कौंधेंगे और आपको सन्तुष्टि भी प्राप्त होगी।

धीमा संगीत—कुछ विशेषज्ञों का कहना है कि धीमा, धूम-धड़ाके से रहित कुछ मधुर संगीत बहुत अच्छा तनावरोधी है। इसके लिए शास्त्रीय संगीत सर्वश्रेष्ठ है।

खाली वक़्त—अपने कामकाज़ के बीच अपने लिए भी थोड़ा समय निकालिए। यह वक़्त ख़ाली हो और उस दौरान आपको कुछ भी नहीं करना पड़े। अगर आपके पास अपने लिए अलग से समय नहीं है, तो तनाव-ग्रस्त, चिड़चिड़े व चिन्तित ही रहेंगे और इसका असर औरों पर भी पड़ेगा।

व्यायाम— तनाव को दूर रखने के लिए सबसे व्यावहारिक तरीक़ा व्यायाम है। तकरीबन 40 मिनट तक व्यायाम करने से अगले तीन—चार घण्टे तक तनाव को दूर रखा जा सकता है। संगीत की धुन पर एरोबिक व्यायाम भी आप कर सकते हैं।

कुछ अन्य उपाय

➤ जब आप किसी परेशानी, चिन्ता या क्लेश से घिरे हों, तो अपने विश्वासपात्र व्यक्ति से अपनी समस्या पर चर्चा करें, जैसे मित्र, पत्नी, हितैषी, डाक्टर, वकील या कोई भी अन्य व्यक्ति। किसी अन्य व्यक्ति से अपनी समस्या बताने पर मानसिक तनाव काफ़ी हद तक कम हो जाता है। इसके अलावा, आमतौर पर विचार करते समय ही यह सम्भव है कि कोई विचार या कोई हल आपको या आपके साथ बात करने वाले को सूझ जाये और आपकी समस्या का समाधान चुटकियों में हो जाये।

➤ अपना समय आप अकेले न बिताइए, ताकि मस्तिष्क एक ही ओर केन्द्रित न रहे। संगीत आदि के कार्यक्रमों, संग्रहालयों एवं पुस्तकालय में जायें। मन कभी कुछ न करने का हो रहा हो, तो टहलें, अख़बार इत्यादि पढ़ें। अपने ध्यान को किसी प्रकार केन्द्रित कीजिए। टीवी पर हल्का-फुल्का कार्यक्रम भी देख सकते हैं।

➤ कुछ लोग समस्या आने पर सो जाना ठीक समझते हैं। जब वे उठते हैं, तो उन्हें कोई-न-कोई हल सूझ ही जाता है, या फिर वे समस्या पर एक नये सिरे से विचार करने के लायक़ हो जाते हैं।

➤ कोई समस्या आपको कई दिनों से परेशान कर रही है, तो उस स्थिति में पलायन करना ही बेहतर है। किसी पहाड़ी जगह या एकान्त स्थान की ओर चले जाइए। यह स्थिति को सही परिप्रेक्ष्य में देखने में सहायक हो सकता है। हो सकता है कि जिसे आप महत्त्वपूर्ण समझ रहे थे, वह तब आपको इतना महत्त्वपूर्ण न लगे, या बिना उत्तेजित हुए विचार करने पर आपको कोई हल सूझ जाये, कोई समझ पैदा हो जाये या आप ही स्थिति को स्वीकार लें।

➤ जब आपके पास कार्य की अधिकता हो, तो कार्य को देखकर घबरायें नहीं, बल्कि उसे एक-एक करके प्राथमिकता के आधार पर निपटायें।

➤ यदि आप अपने जीवन में सहज होना सीख लें, तो परिस्थितियों के साथ तारतम्य स्थापित करने में अधिक सुविधा होगी। अपने विचारों में परिवर्तन लायें। छोटी-छोटी बातों पर ध्यान न दें।

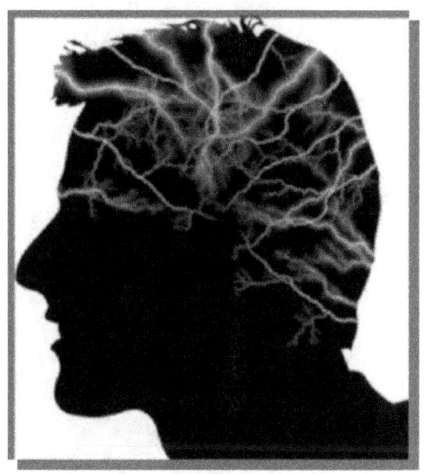

➤ दूसरों के कार्यों में व्यर्थ का हस्तक्षेप करना, किसी को बोलते वक़्त बीच में टोकना उचित नहीं है। अधिक बोलने की अपेक्षा अधिक सुनने की आदत डालें। क्या उपयोगी व रुचिकर है, इस पर ज़्यादा ध्यान देने का प्रयास करें।

➤ एक समय पर कई समस्याएँ एक साथ होने पर दिमाग़ में धुन्धलका-सा छा जाता है और तनाव जन्म ले लेता है। कई समस्याओं का समाधान एक बार में ढूँढ़ने का मतलब है कि 6-6 दुश्मनों का एक साथ सामना करना। अगर एक बार एक दुश्मन हो, तो आप उससे डटकर मुकाबला कर सकते हैं। इसलिए अपनी तमाम समस्याओं पर विचार करें और उस समय अन्य समस्याओं को बिलकुल भुला दें। जब आप उस समस्या को सुलझा लें, तब दूसरी समस्या पर ध्यान दें, फिर तीसरी समस्या पर, आदि-आदि।

➤ अगर किसी वजह से आप शोकग्रस्त हो गये हैं, तो याद रखिए कि केवल आप ही के साथ ऐसा नहीं हुआ है। अनादि काल से हर दिन कई-कई लोग ऐसी समस्याओं में घिर जाते हैं। हालाँकि उस समय ऐसा नहीं लगता,

लेकिन समय सब घाव भर देता है और अपने–आप सब ठीक हो जाता है। जो लोग आपके जैसी समस्याओं से ग्रस्त हैं, उनकी ओर देखिए और हो सके, तो उनके दुःख में भागीदार बनिए। इससे आपके दुःखों के काँटों की चुभन अपने–आप कम हो जायेगी।

➢ जो स्थिति बदली नहीं जा सकती, उसे स्वीकार कर लेना ही बेहतर होता है। इसका मतलब यह नहीं कि आप जीवन के प्रति उदासीन हो जायें।

➢ धैर्य रखिए। धैर्य न रहने पर कुछ समस्याएँ अधिक गम्भीर रूप धारण कर लेती हैं। हिम्मत न हारिए और स्वयं पर क़ाबू रखिए। असफलतता क्रोध को जन्म देती है, जिससे आपके निर्णय लेने की शक्ति कुन्द हो जाती है और समस्याएँ आप पर हावी होने लगती हैं। क्रोध समाप्त होने पर आपको अफ़सोस होता है और आप अपनी मूर्खता पर पछतावा भी करते हैं, लेकिन इससे समस्याओं का समाधान नहीं होता। अतः शान्त रहिए और अपनी समस्याओं का हल ढूँढ़ने का प्रयास कीजिए। आपको समाधान अवश्य मिलेगा।

➢ जब आप लगातार मानसिक कार्य करते–करते थकान महसूस करने लगें, तो तत्काल कोई शारीरिक कार्य शुरू करें। इस प्रकार का कार्य–परिवर्तन मानसिक राहत व शान्ति पहुँचाता है। यदि आप नौकरी–पेशा व्यक्ति हैं, तो साप्ताहिक अवकाश का भरपूर आन्नद लें।

➢ तनाव से छुटकारा पाने का एक सरल तरीक़ा यह है कि व्यक्ति को ज़िद्दी और दुराग्रही नहीं होना चाहिए। प्राकृतिक–सौन्दर्य का भी आनन्द लें। इससे मन को राहत मिलती है।

***

ध्यान लगाओ...तनाव भगाओ

इच्छाओं से ऊपर उठ जाना ही ध्यान है।

—स्वामी रामतीर्थ

ध्यान से सफलता मिलती है।

—वृन्दावनलाल वर्मा

जिससे बचना है, उसमें ध्यान देना पड़ेगा और जिस पर ध्यान देना पड़ेगा, उससे बचना मुश्किल है।

—आचार्य रजनीश

प्रिय पाठकों! तनाव भगाने का सबसे बेहतर तरीक़ा, ध्यान लगाना है। एक ध्यान ही ऐसा योग है, जो आपको किसी भी प्रकार से मुक्ति दिला सकता है। ध्यान लगाना भी एक कला है। आज हम इसी कला को सीखेंगे, ताकि एग्ज़ाम (परीक्षा) के दिनों में पढ़ाई का तनाव हम पर हावी न हो सके।

तो आइए! सबसे पहले हम यह जानने की कोशिश करते हैं कि आख़िर ध्यान क्या है?

हमारे आसपास कितना भी तनाव क्यों न हो, समस्याओं का जंगल हो, ध्यान इन सभी समस्याओं से मुक्ति दिलाता है। 'ध्यान' खुली व बन्द आँखों से भी किया जा सकता है।

खुली आँख का ध्यान

अगर आप कुछ देर अकेले में आँखें बन्द कर तन्मय होकर नहीं बैठ पाते हैं, तो आपको इस प्रकार से ध्यान की शुरुआत करनी होगी। यह ध्यान आँखें खुली रखकर किया जाता है। अब आपको चाहिए एक आधार। यह कोई मूर्ति, कोई तस्वीर, मोमबत्ती की लौ या दीवार में लगी कील, कुछ भी हो सकता है। आप अपनी सुविधा से चुन लें। आपको आँखों को अपने चुने हुए आधार पर ठहराने का अभ्यास करना चाहिए।

ऐसे करें अभ्यास

पद्मासन, सिद्धासन, सुखासन में या इसमें कष्ट हो, तो कुर्सी पर बैठ जायें। रीढ़, गला व सिर को सीधा रखें। चेहरे तथा शरीर को खूब ढीला कीजिए। अब किसी एक आधार पर ध्यान केन्द्रित करें। जैसे आपका आधार कोई 'मूर्ति' है, तो आँखों को खोलकर मूर्ति के चेहरे पर टिकायें और मन को एकाग्र करें। मन इधर-उधर भटके तो चिन्ता न करें। उसे फिर-फिर मूर्ति पर एकाग्र करने का प्रयास करें। धीरे-धीरे आप सफल होने लगेंगे। अब जब तक बैठ सकते हैं, इस स्थिति में बैठिए। उसके बाद सामान्य स्थिति में आ जायें।

इतनी सावधानी बरतें

➤ आधार को बार-बार नहीं बदलें।
➤ चेहरे या आँखों पर अधिक दबाव न दें।
➤ स्लिप डिस्क, स्पाण्डिलाइटिस आदि से परेशान हैं, तो कुर्सी पर या सुखासन में बैठें।

लाभ

मन की चंचलता पर काबू पाने में आप सफल होने लगेंगे। अगर अच्छी नींद नहीं आती, मन रात में भी चलता रहता है, तो इस ध्यान से आपको बहुत लाभ होगा।

बेचैनी, सुस्ती, चिड़चिड़ापन, क्रोध आदि पर भी आप इस ध्यान से क़ाबू पा सकते हैं।

आँख बन्द करके करें ध्यान

'ध्यान' बाहरी दुनिया से अपने भीतर जाने की यात्रा है। बाहर की दुनिया में आँखें बन्द करेंगे, तो अपने भीतर एक अद्भुत जगत की यात्रा कर सकेंगे। वहाँ कोई कोलाहल नहीं, कोई उपद्रव नहीं, केवल शान्ति और आश्वासन है। इस ध्यान के अभ्यास से आप मानसिक स्तर मज़बूत कर सकते हैं।

अभ्यास की विधि

पद्मासन, सिद्धासन, सुखासन या कुर्सी पर बैठ जायें। रीढ़, गला व सिर को सीधा रखें। शरीर को ढीला छोड़ दें और हाथों को घुटनों पर रखें। धीरे से आँखें बन्द कर लें। भीतर की दुनिया को बन्द आँखों से देखिए और आती–जाती साँसों को ग़ौर से देखिए, उनकी ध्वनि को सुनिए, कुछ सुगन्ध मिल सकती है, उसे महसूस कीजिए। लम्बी–गहरी साँस लें और धीरे–धीरे बाहर छोड़ें। लगभग 15 मिनट तक यह अभ्यास कीजिए।

विशेष

संसार की अनेक ध्यान–पद्धतियाँ जैसे– रेकी, ताओ आदि ध्यान–विधियाँ सूक्ष्म ध्यान के अन्तर्गत आती हैं।

लाभ

आज हर कोई मानसिक दबाव में है। बच्चों पर पढ़ाई का दबाव, युवाओं पर कैरियर और उज्ज्वल भविष्य का दबाव, ऑफ़िस में काम का दबाव और किसी को अकेलेपन का भय आदि। इनके कारण लोग शारीरिक, मानसिक तथा भावनात्मक रूप से कमज़ोर तथा बीमार हो रहे हैं। उच्च रक्तचाप, हृदय रोग, मधुमेह, गठिया तथा अस्थमा जैसी कई बीमारियाँ भी आ जाती हैं। नियमित रूप से दस से पन्द्रह मिनट तक इस ध्यान का अभ्यास करने से आज की इन समस्याओं से आसानी से बच सकते हैं।

सावधानियाँ

- ➤ ध्यान का अभ्यास खाली पेट करने से बेहतर परिणाम मिलते हैं। ध्यान के अभ्यास के आधे घण्टे बाद ही कुछ खाना–पीना चाहिए। भोजन करने के दो घण्टे बाद ध्यान का अभ्यास किया जा सकता है।
- ➤ ध्यान का अभ्यास एकान्त, शान्त तथा हवादार कमरे में करना चाहिए।
- ➤ ध्यान का अभ्यास योग्य गुरु के मार्गदर्शन में करना चाहिए।
- ➤ बुख़ार–बीमारी या किसी भावनात्मक उद्वेग की स्थिति में ध्यान का अभ्यास न किया जाये।

✵✵✵

नोट्स कैसे तैयार करें?

> अधूरे काम मैं बिलकुल पसन्द नहीं करता। यदि वे उचित हैं, तो उन्हें मन लगाकर करो। यदि अनुचित हैं, तो उन्हें बिलकुल त्याग दो।
> —गिल्पिन

प्रिय पाठकों! प्रथम श्रेणी या मेरिट में आने के लिए विद्यार्थी द्वारा बनाये गये नोट्स बहुत सहायक होते हैं। लेकिन ज़्यादातर विद्यार्थी नोट्स बनाने का सही तरीक़ा नहीं जानते। इसी वजह से वे अपना क़ीमती समय और शक्ति बेकार में ज़ाया करते हैं। यदि आपने सही ढंग से नोट्स तैयार कर लिये हैं, तो समझ लीजिए कि परीक्षा से सम्बन्धित तैयारी की दो-तिहाई मंज़िल आप पार कर चुके हैं।

नोट्स क्या हैं?

नोट्स ऐसे संक्षिप्त वाक्य होते हैं, जो महत्त्वपूर्ण बातों को याद रखने में सहायक होते हैं।

नोट्स बनाने का तरीक़ा

- नोट्स बनाने से पहले आपको पूरे अध्याय को पूरे ध्यान से पढ़ना चाहिए, फिर हर पैराग्राफ़ से नोट्स लेने चाहिए।
- नोट्स क्रम से होने चाहिए, ताकि उनके पढ़ने से विषय के सम्बन्ध में सिलसिलेवार जानकारी हासिल हो सके।
- अच्छे नोट्स वे ही होते हैं, जिनमें उचित शीर्षक, उपशीर्षक तथा क्रमबद्धता हो।
- नोट्स स्वयं के शब्दों में होने चाहिए। चाहे वे व्याख्यान से लिये गये हों या किसी पाठ्य–पुस्तक से। स्वयं का किया हुआ विश्लेषण और वह भी अपने शब्दों में ज़्यादा अच्छा होता है।
- नोट्स पाठ्य–पुस्तक पर भी बनाये जाते हैं। इसका एक तरीक़ा पुस्तक में ही महत्त्वपूर्ण वाक्यों का रेखांकन है। परन्तु कुछ विद्यार्थी बिना किसी योजना के ही पुस्तक पर रेखांकन कर लेते हैं, जिसका कोई अर्थ नहीं होता। वास्तव में, अच्छी तरह से समझे गये अध्याय में थोड़े से अंश रेखांकन से ही काम चल सकता है।
- यदि पूरा पैराग्राफ ही महत्त्वपूर्ण है, तो पैराग्राफ के बाजू में दो खड़ी लकीरें खींची जा सकती हैं।
- पाठ्य–पुस्तक पर पेंसिल से रेखांकन अथवा आलोचनात्मक विचार लिखना अधिक सुविधाजनक होता है, ताकि बाद में उसमें सुधार किया जा सके। पुस्तकालय या अन्य किसी से ली गयी पुस्तक पर रेखांकन या नोट्स लिखना अनुचित है।
- बिना सोचे–समझे दूसरे विद्यार्थी के बनाये नोट्स लेना व्यर्थ है।
- नोट्स संक्षिप्त होने चाहिए। परन्तु इसका मतलब यह नहीं कि आप बहुत छोटे नोट्स बनायें। नोट्स की उपयोगिता पृष्ठों की संख्या से नहीं, विषय को समझने में सहायक सुझावों से है।
- पाठ्य–पुस्तक में से नोट्स लेने का एक तरीक़ा यह भी है कि पुस्तक पढ़ते समय उसके महत्त्वपूर्ण, उपयोगी तथा रोचक पैराग्राफ या अंश पर आप

पेंसिल से रेखांकन कर दीजिए तथा बाद में उसे अपनी नोटबुक में उतार लीजिए।

➢ नोट्स में ली गयी विद्वानों की परिभाषाएँ, उद्धरण आदि को बार-बार दुहराकर कण्ठस्थ कर लेना चाहिए, ताकि परीक्षा में उन्हें उसी ढंग से बिना शब्दों का हेर-फेर किये लिखा जा सके।

➢ 'नोट्स बनाना है', केवल यही सोचकर लम्बे और उबाऊ नोट्स मत बनाइए। अपने नोट्स में सिर्फ़ उन्हीं अंशों को शामिल करें, जिनका उपयोग आप परीक्षा में कर सकें।

➢ नोट्स अच्छी और साफ़-सुथरी लिखावट में होने चाहिए, नहीं तो वे नीरस और उबाऊ लगेंगे। उन्हें बार-बार पढ़ने की इच्छा नहीं होगी।

टाइम मैनेजमेण्ट

दुनिया की सबसे मूल्यवान वस्तु है, समय।

—कहावत

हम सब समय की शिला के नीचे दबे हैं।

—हैरीसन

प्रिय पाठकों! समय एक ऐसा अनमोल तोहफ़ा है, जो सबको एक समान मात्रा में मिला है। दिन में सबके पास 24 घण्टे ही होते हैं। तब सिर्फ़ कुछ लोग, दूसरों के मुकाबले सफल क्यों हो जाते हैं? वे प्रभावी तरीक़े से अपने संसाधनों का प्रयोग करना जानते हैं। समय का प्रभावी उपयोग सीखने के लिए बचपन में ही समय का प्रबन्धन करने की शिक्षा देनी चाहिए।

क्या आप छात्रों के बुरे समय-प्रबन्धन को लेकर चिन्तित हैं? वे किन रुकावटों की वजह से स्कूल की असाइनमेण्ट सही समय पर पूरी नहीं कर पाते? समय-प्रबन्धन छात्रों के लिए किसी समस्या से कम नहीं है।

सामाजिक दायित्वों और कड़ी दिनचर्या के चलते वे समय का सही तरीक़े से प्रबन्धन नहीं कर पाते। केवल कुछ व्यक्ति ही इस कला में निपुण होते हैं। यदि आप स्कूल में, घर में या जीवन में कोई निश्चित लक्ष्य पाना चाहते हैं, तो आपको टाइम मैनेजमेण्ट में परफ़ैक्ट होना ही होगा।

छात्रों के जीवन में भी टाइम मैनेजमेण्ट बेहद ज़रूरी है। जब कोई छात्र टाइम मैनेजमेण्ट (समय-प्रबन्धन) सीख लेता है, तो वह अपने समय का न केवल सदुपयोग करता है, बल्कि हर क्षण की अहमियत भी समझने लगता है। टाइम मैनेजमेण्ट से छात्रों को अनुमान होने लगता है कि उन्हें कब किस काम को कितना समय देना है। इसके साथ ही उन्हें यह भी समझ आ जाता है कि किसी निश्चित गतिविधि को

कितना समय दे सकते हैं। इस तरह उन्हें अपने आने वाले समय में भी पूरी योजना के साथ काम करना आ जाता है।

छात्रों को हमेशा अपने समय का हिसाब रखना चाहिए। इस तरह वे अपनी पढ़ाई के लिए पूरा समय निकाल सकेंगे, जो कि मेरिट में अव्वल आने के लिए बहुत ज़रूरी है।

यहाँ मैं आपको टाइम मैनेजमेण्ट के कुछ सुझाव बता रहा हूँ, जिन पर अमल करके आप न केवल अपने ज़िम्मेदारियों का बेहतर तरीक़े से निर्वाह कर सकते हैं, बल्कि अपनी पढ़ाई के लिए काफ़ी वक़्त निकाल सकते हैं।

- रोज़मर्रा के काम जानने व उनकी प्राथमिकता तय करने के लिए आप 'टू–डू–लिस्ट' बनाना न भूलें। अपने काम, ज़िम्मेदारियों व लक्ष्यों को लिखना बेहद ज़रूरी है। अपनी प्राथमिकताओं के हिसाब से काम लिखें। इस तरह सबसे ज़रूरी काम अपने–आप ऊपर आ जायेगा।
- घड़ी की एक–एक टिक बहुत महत्त्व रखती है। हाथ से निकला मिनट कभी वापस नहीं आता। हमें किसी भी मिनट को बरबाद न करके उसका सदुपयोग करना चाहिए। जैसे–बस में बैठे हैं, तो कुछ पढ़ें। खाली पीरियड या लंच टाइम में अपने नोट्स पर नज़र डाल लें। यदि खाली समय है, तो किसी ऐसी प्लानिंग को शुरू कर लें, जिस पर कुछ समय बाद काम होता है। इस तरह आपके आने वाले समय के भी कई काम पहले ही पूरे हो जायेंगे।
- अपने दोस्तों को 'न' कहने की आदत डालें। कई बार 'न' कहना भी महत्त्वपूर्ण हो जाता है। कोई दोस्त आपको कंसर्ट दिखाने ले जाना चाहता है, लेकिन आप यही समय पढ़ाई में लगा सकते हैं। अगर आप देर रात तक चलने वाले कंसर्ट में गये, तो नींद भी पूरी नहीं होगी, जिससे अगले दिन की पढ़ाई पर भी असर पड़ेगा। हमेशा लांग व शॉर्ट टर्म प्राथमिकताएँ दिमाग़ में रखें। याद रखें कि हर काम का सही समय व सही जगह होती है।
- अध्ययनों से पता चला है कि उपयुक्त समय पर काम या पढ़ाई करने से बेहतर नतीजे आते हैं। जैसे किसी छात्र को दोपहर की बजाय सुबह के समय गणित पढ़ना सही लगता है, तो उसे उसी समय गणित पढ़ना चाहिए।

- अगर पूरी नींद नहीं लेंगे, तो सभी काम योजना के अनुसार नहीं कर पायेंगे। थोड़े से आराम के बाद मुश्किल काम शुरू करें, ताकि आपकी ऊर्जा भरपूर हो सके। नींद पूरी होने से सारे काम तुर्त-फुर्त होंगे, दिमाग़ ताज़ा रहेगा और आपका काफ़ी समय भी बचेगा।
- मन की शान्ति बनाये रखें। चिन्ता में समय न गँवायें। किसी विषय में चिन्ता करने के बजाय उसका समाधान तलाशें व कार्यवाही शुरू कर दें। किसी भी काम को कल पर न टालें।
- जो भी काम करें, उसमें एक आशावादी नज़रिया बनाये रखें। समस्याओं से निराश हो जायेंगे, तो तनाव तो होगा ही, साथ ही काम की क्वालिटी पर भी असर पड़ेगा।
- आपको अपनी योजनाओं में फेर-बदल की गुंजाइश भी रखनी चाहिए। आपको जान लेना चाहिए कि सभी काम योजना के अनुसार पूरे हो पाते। अपनी दिनचर्या सही तरीक़े से व्यवस्थित करें।
- कठिन विषयों की पढ़ाई पहले करें।
- मनोरंजन व आराम के लिए भी कुछ समय निकालें।
- भरपूर नींद व भोजन के लिए भी पर्याप्त समय निकालना चाहिए।
- मित्रों को अपने टाइम मैनेजमेण्ट से वाक़िफ़ करायें, ताकि वे आपकी पढ़ाई में बाधक न बनें।
- अपनी गतिविधियों को सही तरीक़े से शेड्यूल करें।
- काम की चिन्ता में समय लगाने की बजाय, उसमें जुट जायें।
- हर काम को सही नज़रिये से देखें।

➤ कोई काम या ज़िम्मेदारी दूसरे को भी सौंपे। सारा काम अपने कन्धों पर न डालें।

➤ हमेशा सहज व शान्त रहें।

➤ अपने पढ़ने की गति में तेज़ी लायें।

➤ यदि बीच-बीच में समय बचता है, तो किसी बड़े काम के लिए एक साथ समय निकालने के बजाय, उसके ही छोटे हिस्से कर लें। इस तरह काम पर बेहतर नियन्त्रण हो जायेगा।

➤ वैसे भी एक ही काम को घण्टों करने से बोरियत होने लगती है। काम के बीच थोड़ा ब्रेक भी लें।

यदि आपने सही तरीक़े से इन टिप्स का इस्तेमाल किया, तो आप काफ़ी फ़ायदे में रहेंगे। याद रखें, केवल समय-प्रबन्धन का अभ्यास ही किसी व्यक्ति या छात्र को सम्पूर्ण बना सकता है।

सफल अध्ययन कैसे करें?

अध्ययन हमें आनन्द देता है, अलंकृत करता है और योग्यता प्रदान करता है।
—बेकन

मस्तिष्क के लिए अध्ययन उतना ही जरूरी है, जितना शरीर के लिए व्यायाम।
—जोसेफ एडीसन

जितना ही हम अध्ययन करते हैं, उतना ही हमें अपने अज्ञान का आभास हो जाता है।
—शैली

प्रिय पाठकों! देखा गया है कि ज़्यादातर छात्र परीक्षा नज़दीक आने पर ही इसकी तैयारी में जुटते हैं, जबकि उन्हें स्कूल के खुलते ही अपनी पढ़ाई शुरू कर देनी चाहिए। शुरू–शुरू में पढ़ाई करने का सबसे बड़ा फ़ायदा यह होता है कि किसी भी विषय की अच्छी समझ हो जाती है तथा परीक्षा में उस विषय के लिए ख़ास तैयारी नहीं करनी पड़ती।

लेकिन देखा गया है कि कुछ विद्यार्थी इम्तहान क़रीब आने पर ही अपनी पढ़ाई शुरू करते हैं। ऐसे में उन्हें कई तरह की परेशानियों का सामना करना पड़ता है।

परीक्षा के पास आने पर उनमें तनाव, घबराहट, चिड़चिड़ापन, सिरदर्द, आँखों में जलन आदि परेशानियाँ घेर लेती हैं। इसी वजह से कुछ छात्र बीमार भी पड़ जाते हैं। आपके साथ ऐसा न हो, इसलिए आप पूरी प्लानिंग से सफल अध्ययन करें।

अब मैं आपको 'लैटेण्ट लर्निंग' के बारे में एक बात बताता हूँ। सफलता की बार-बार कल्पना करना विज्ञान की भाषा में **लैटेण्ट लर्निंग** कहा जाता है। अगर आपको परीक्षा में अव्वल नम्बरों से पास होना है, तो आप अपने मस्तिष्क को बार-बार यह निर्देश देते रहें कि आपको अपनी परीक्षाओं में हर हाल में सफल होना है।

जब मस्तिष्क को इस तरह की बातों के बार-बार निर्देश मिलते रहते हैं, तो मस्तिष्क की क्रिया भी उसी तरह से एक्टिव (सक्रिय) हो जाती है। मस्तिष्क के एक्टिव होते ही आपको इसका लाभ मिलने लगता है, इसलिए लैटेण्ट लर्निंग पर ज़रूर ध्यान दें।

देखा गया है कि पढ़ाई और परीक्षा को लेकर ज़्यादातर विद्यार्थी प्रेशर में रहते हैं। विद्यार्थी को दोनों ही बातों को लेकर किसी भी तरह का प्रेशर नहीं लेना चाहिए। पढ़ाई और परीक्षा को जितने आसान तरीक़े से आप लेंगे, यह उतनी ही अच्छी बात है। यदि आप प्रेशर में पढ़ाई करते हैं, तो आपको परेशानी अधिक होगी। आप अपनी पढ़ाई पूरी तरह नहीं कर पायेंगे, इसलिए आप टारगेट बनायें और उसे फॉलो करते हुए आगे बढ़ें, लेकिन ध्यान रहे कि अपने द्वारा बनाये गये टारगेट को भी प्रेशर न बनायें।

यदि आप प्रेशर में पढ़ाई करते हैं, तो आपको कुछ भी याद नहीं रहेगा। प्रेशर में आकर पढ़ाई करने से तनाव बढ़ता है और मानसिक दबाव की वज़ह से पढ़ी हुई कोई भी बात याद नहीं रहती। इसलिए आप पढ़ाई को हल्के अन्दाज़ में ही लें।

प्रिय पाठकों! इस दुनिया में आपको बहुत कम समय में बहुत सारे काम, पूरी फुर्ती और योग्यता से करने होंगे, क्योंकि समय कम है और काम बहुत हैं। आपको 'रैपिड रीडिंग' की आदत डालनी होगी, ताकि आप कम समय में बहुत सारा पढ़ सकें और आपकी एकाग्रता-शक्ति का भी विस्तार हो सके।

रैपिड रीडिंग क्या है?

सामान्य रूप से पढ़ने की गति से, तेज़ पढ़ना ही 'रैपिड रीडिंग' कहलाता है। यह आमतौर पर किसी उद्देश्य से की जाती है; जैसे कोई ख़ास जानकारी पाने के लिए या किसी पाठ्य-सामग्री का जायज़ा आदि लेने के लिए। इसकी मदद से आप तेज़ी से कोई भी जानकारी खोज सकते हैं, आसानी से नोट्स बना सकते हैं तथा दोहराव की तकनीकें सीख सकते हैं।

आपने कभी ग़ौर किया है कि आजकल ज़्यादातर लोगों की यही समस्या है कि वे तेज़ गति से नहीं पढ़ सकते। क्या आपकी भी यही समस्या है? क्या आप भी धीमी गति से पढ़ने के आदी हैं? क्या आप भी यह चाहते हैं कि पढ़ने की गति तेज़ की जाये ताकि आप वक़्त के साथ क़दम-से-क़दम मिलाकर आगे बढ़ने में कामयाबी हासिल करें।

इससे पहले मैं आपको तेज़ गति से पढ़ने का मूलमन्त्र बताऊँ, आप यह जान लीजिए कि धीमी गति क्या है और क्यों हैं?

यदि आप एक मिनट में 50 शब्द पढ़ते हैं, तो यह एक धीमी गति है। यदि आप एक मिनट में 200 से 250 शब्द पढ़ते हैं, तो यह मध्यम गति है और यदि आप एक मिनट में 400 से 500 शब्द पढ़ते हैं, तो यह तेज़ गति कहलायेगी।

आपके पढ़ने की गति किस श्रेणी में आती है, यह जानने के लिए आप अपने किसी मित्र को एक घड़ी दीजिए और ठीक 5 मिनट बाद रोकने के लिए कहें। अब आप पढ़ना शुरू कीजिए। पाँच मिनट बाद आपने किताब की जितनी लाइनें पढ़ीं, उन्हें शब्दों की संख्या से गुणा कीजिए और 5 से भाग दे दीजिए। आपको पता चल जायेगा कि एक मिनट में आप कितने शब्द पढ़ पाते हैं।

अब आप बताइए कि आपकी गति कैसी है? अगर आपकी गति धीमी है, तो आपको अपने पढ़ने की गति तेज़ करनी चाहिए, वरना आप पढ़ाई में अपने साथियों से पीछे रह जायेंगे।

मैं जानता हूँ कि आपके मन में यह सवाल उठ रहा होगा कि तेज़ गति से पढ़ने से आपको क्या लाभ होगा। मैं आपको तेज़ गति से पढ़ने के फ़ायदे के बारे में भी बताऊँगा, लेकिन आप वादा कीजिए कि आप मेरे द्वारा बतायी गयी तेज़ गति से पढ़ने की विधि का पूरा फ़ायदा उठायेंगे।

चलिए, मैं आपकी बात मान लेता हूँ। अब आप जानिए कि तेज़ गति से पढ़ने से क्या लाभ होता है। मान लीजिए कि आप 2 घण्टे पढ़ाई करते हैं। यदि आपकी गति

दुगुनी हो जाती, तो उन्हीं 2 घण्टों को आप 4 घण्टों में बदल सकते हैं। तिगुनी गति से आप 6 घण्टों में बदल सकते हैं और यह काम बड़ा सरल है।

आइए! अब तेज़ गति से पढ़ने के तरीकों से परिचित होते हैं—

तेज़ गति से पढ़ने को बेहतर तरीक़ा यही है कि आप तेज़ी से पढ़िए। आप शायद कहें कि ऐसे आपको पढ़ी चीज़ समझ नहीं आयेगी। आप इसकी चिन्ता बिलकुल मत कीजिए। आपको सब कुछ समझ आ में जायेगा। वास्तव में, तेज़ गति से पढ़ने से विषय जल्दी समझ में आता है, क्योंकि तेज़ गति से पढ़ने के दौरान आपकी समस्त इन्द्रियाँ विषय पर एकाग्र हो जाती हैं। हो सकता है कि शुरू—शुरू में आपको थोड़ी परेशानी का सामना करना पड़े, लेकिन जैसे—जैसे आप अपना अभ्यास बढ़ाते जायेंगे, वैसे—वैसे आप कठिनाइयों पर भी विजय प्राप्त करते जायेंगे।

अपनी इस बात को साबित करने के लिए मैं आपके सामने एक उदाहरण रखता हूँ। मान लीजिए आप कार चला रहे हैं। आपकी कार की रफ़्तार धीमी है, इसलिए आप रास्ते के हर नज़ारे का लुत्फ़ उठाते हुए आगे बढ़ रहे हैं।

मान लजिए, आपने कार की रफ़्तार बढ़ा दी है। अब आप पायेंगे कि आस—पास के नज़ारे अब काफ़ी कम हो गये हैं, क्योंकि आपका ध्यान कार चलाने में पहले की अपेक्षा ज़्यादा लग रहा है। आपकी कार की रफ़्तार जैसे—जैसे तेज़ होती जायेगी, आपका आस—पास के नज़ारों पर टिका ध्यान

वैसे—वैसे कार चलाने पर केन्द्रित हो जायेगा। ठीक ऐसा ही तब होता है, जब हम पढ़ाई करते हैं।

तेज़ गति से पढ़ने का दूसरा तरीक़ा यह है कि आप आँखों का संचालन कम—से—कम करें। कहने का तात्पर्य यह है कि आप प्रत्येक शब्द पर अपनी आँखें स्थिर न करें, बल्कि लाइन के मध्य में अपनी आँखें स्थिर करें, इसके बाद आप सीधे या नीचे वाली लाइन पर जायें और उसके मध्य में अपनी आँखें स्थिर करके पढ़ने का प्रयास करें।

इस तरीक़े से पढ़ने में आपको कठिनाई का सामना अवश्य करना पड़ेगा, लेकिन जैसे—जैसे आप अपना अभ्यास बढ़ाते जायेंगे, आप इस तरीक़े से पढ़ने में महारत हासिल करते जायेंगे।

इस तरीक़े को आप कुछ यों समझ सकते हैं—

आमतौर पर कोई भी वस्तु पढ़ते वक़्त हमारी आँखों का संचालन कुछ इस तरीक़े से होता है–

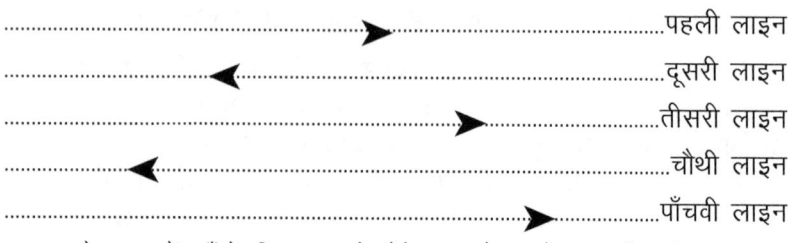

पहली लाइन

दूसरी लाइन

तीसरी लाइन

चौथी लाइन

पाँचवी लाइन

लाइन के मध्य में आँखें स्थिर करके मैंने आपको पढ़ने का जो तरीक़ा बताया है, उसमें आपको ज़्यादा–से–ज़्यादा शब्द अपनी आँखों की परिधि में लाने हैं, जैसे–

'ध्यान से सब सिद्धि (...) प्राप्त होती है।'

ऊपर दिये गये वाक्य के बीच में बनाये हुए बिन्दु पर आपको अपनी आँखें स्थिर करनी हैं और फिर बायें हिस्से को एक साथ पढ़ना है। इसके बाद आपको दायें हिस्से के सारे शब्दों को अपनी आँखों की परिधि में लाकर पढ़ना है।

आँखें स्थिर करके पढ़ने के इस तरीक़े को 'आई फिक्सेशन' (दृष्टि–स्थिरीकरण) कहते हैं। यदि हम अभ्यास द्वारा 'आई फिक्सेशन' में महारत हासिल कर लेते हैं, तो हम 'शब्द–स्थिरीकरण' के समय को 0.15 सेकेण्ड तक घटा सकते हैं।

अब निम्नलिखित वाक्यों को आप दो बार आँखें स्थिर करके पढ़ने का अभ्यास करें।

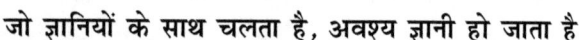

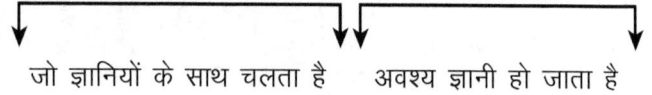

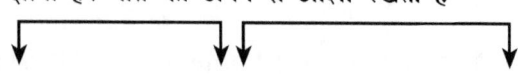

जो ज्ञानियों के साथ चलता है, अवश्य ज्ञानी हो जाता है

जो ज्ञानियों के साथ चलता है   अवश्य ज्ञानी हो जाता है

ज्ञानी हर बात की अपने से आशा रखता है

ज्ञानी हर बात की   अपने से आशा रखता है

आइए! अब यह जानें कि आँखों की परिधि कैसे बढ़ायी जाती है।

जब आप दीवार पर टँगी हुई तस्वीर देखते हैं, तब क्या आप सिर्फ़ तस्वीर ही देखते हैं? उस समय आप दीवार का रंग, समीप पड़ी अन्य वस्तुओं को भी अपनी आँखों की परिधि के क्षेत्र में लाते हैं।

इस प्रकार कोई पत्रिका या अख़बार पढ़ते समय आप अपनी आँखों की परिधि बढ़ाने का अभ्यास करें।

जी व न
वि का स
अ म र
का य र
स च्चा

आप अपनी आँखें बीच में केन्द्रित कीजिए और दायें व बायें अक्षरों की परिधि के क्षेत्र में समेटने का प्रयास कीजिए। ध्यान रखें, इन्हें पढ़ते समय न तो आप होंठ हिलायें और न ही इन अक्षरों की गूँज मस्तिष्क में गूँजने दें।

असफलता के विचार
सफलता का उत्पन्न होना
उतना ही सम्भव है
जितना बबूल के पेड़ स
गुलाब के फूल का निकलना

अख़बार तेज़ गति से कैसे पढ़ें?

अख़बार कॉलम में छपे होते हैं। इन्हें पढ़ते समय आप लम्बवत् परिधि क्षेत्र विकसित करें। निम्नलिखित पंक्तियों में प्रत्येक के ऊपर एक स्टार चिह्न लगा है। आप इस स्टार चिह्न पर नज़र रखते हुए पूरी पंक्ति पढ़ने का अभ्यास करें।

क्रोध से
★
मनुष्य का विनाश
★
होता है
★
इसलिए क्रोध को
★
यमराज कहा जाता है

यह अभ्यास 6–7 बार करने के बाद आप किसी भी समाचार–पत्र को उठायें और उसे इस तरीक़े से पढ़ने का प्रयास करें।

सफल अध्ययन के लिए कुछ सुझाव

- जब आप मनोरंजन के लिए कोई पुस्तक पढ़ें, तो अपनी कल्पना को ऊँची उड़ान भरने दें।
- ज्ञान प्राप्त करने के लिए पूरे ध्यान से पढ़ें।
- अध्ययन के लिए आप ख़ास जगह बनायें, जिससे अध्ययन का मस्तिष्क पर प्रभाव बना रहे। उचित प्रकाश की व्यवस्था रखें, अन्यथा कम रोशनी से खीझ

हो जाती है।
➤ अध्ययन के समय आप अन्य बातों को दूर रखें।
➤ अपने पास एक नोटबुक और पेन अवश्य रखें।

अगर आप विद्यार्थी हैं, तो-

➤ पढ़ाई शुरू करते समय सरल विषय और सरल मन से पढ़ना शुरू करें और जब थक जायें, तो थोड़ा विश्राम करें।

➤ कठिन विषयों को भागों में बाँटें और स्वस्थ मन से सीखें।
➤ अध्ययन के लिए निश्चित समय की अवधि रखें और लगभग एक घण्टे के बाद थोड़ा व्यायाम भी करें। जब पढ़ाई का समय आये, तो फ़ौरन पढ़ना शुरू कर दें, ताकि ध्यान भटकने न पाये।
➤ अध्ययन का पक्का कार्यक्रम बनाने के लिए सप्ताह को घण्टों में विभाजित करें और प्रत्येक घण्टे में विशेष कार्य निर्धारित करें।
➤ थकावट होने पर विश्राम ज़रूर करें, क्योंकि थके हुए शरीर में मस्तिष्क स्वस्थ व ताज़ा नहीं रह पाता। अपने मस्तिष्क को सावधान रखने के लिए उठकर फुर्ती से चलें, खुली खिड़की के पास आकर गहरी-गहरी साँसें लें। आवश्यकता हो, तो मुँह पर पानी के छींटे डालें।
➤ अध्ययन-कार्य में अपनी नोटबुक ज़रूर रखें। उसमें केवल ज़रूरी बातें ही नोट करें। नोटबुक में अपने शब्दों में मुख्य विचार लिखें। लिखावट खुली-खुली हो, जिससे बाद में ज़रूरत के अनुसार पंक्तियों के बीच में अतिरिक्त बातें लिखी जा सकें या सुधार किया जा सके।
➤ किसी विषय का पुनः अध्ययन शुरू करने से कुछ मिनटों के लिए अपनी लिखी हुई बातें, बिना पूरा पढ़े, उन्हें मानसिक रूप से दोहरा लें।
➤ आपकी पढ़ाई ठीक चल रही है या नहीं, इस पर अवश्य विचार करें। अपनी परीक्षा अपने-आप लिखकर करें।
➤ जो कुछ आपने सीखा है, उचित अवसर पर उसका प्रयोग करना भी सीखें, क्योंकि वही ज्ञान काम आता है, जिसका बाद में उपयोग किया जाता है।

✻✻✻

आत्मविश्वास कैसे बढ़ायें?

आत्मविश्वास का अर्थ है, अपने काम में अटूट श्रद्धा।
—महात्मा गाँधी

महान् कार्य करने के लिए पहली ज़रूरी चीज़ है—आत्मविश्वास।
—जानसन

यदि तुम अपने पर विश्वास कर सको, तो दूसरे प्राणी भी तुम पर विश्वास करने लगेंगे।
—गेटे

आत्मविश्वास सफलता का प्रथम रहस्य है।
—इमर्सन

प्रिय पाठकों! अक्सर देखा गया है कि विद्यार्थी साल भर बड़ी मेहनत से पढ़ाई करते हैं, लेकिन जैसे–जैसे परीक्षाएँ समीप आने लगती हैं, उनका आत्मविश्वास डगमगाने लगता है। अब आप अमित को ही देखिए, उसने पूरे साल दिन–रात पढ़ाई की, लेकिन परीक्षा हॉल में क़दम रखते ही उसे बुरी तरह घबराहट होने लगी, बेचैनी भी महसूस हुई। उसका जी चाहा कि वह वहाँ से घर लौट चले, लेकिन वह ऐसा न कर सका। जैसे–जैसे उसने वह परीक्षा दी और फिर जब इम्तहान का नतीजा सामने

आया था, तो उसके मार्क्स बेहद कम थे।

वास्तव में अमित को एग्ज़ाम के दिनों में एंग्जाइटी (अधिक चिन्ता से होने वाली दिमाग़ की बीमारी) की प्राब्लम हो गयी थी, जिसकी वजह से उसका आत्मविश्वास डगमगा गया था। अगर अमित ने परीक्षाओं के क़रीब आने पर बिना किसी चिन्ता के पढ़ाई की होती, तो हमेशा अव्वल नम्बर पाने वाला अमित कभी इतने कम मार्क्स नहीं ला पाता।

असल में, ऐसी समस्याएँ सिर्फ़ अमित को ही नहीं होतीं, बल्कि हर तीसरे छात्र को होती हैं। जो इन पर क़ाबू पा लेते हैं, वे एग्ज़ाम ठीक ढंग से देते हैं और जो चिन्ता की वज़ह से अपना आत्मविश्वास खो बैठते हैं, वे यक़ीनन कम मार्क्स ही ला पाते हैं या फिर परीक्षा में फेल हो जाते हैं।

अगर आप में आत्मविश्वास की कमी है, तो आप इस अध्याय को बड़े ध्यान से पढ़ें, क्योंकि इसमें आत्मविश्वास को बढ़ाने वाले तमाम नुस्ख़े मौजूद हैं।

आत्मविश्वास बढ़ाने के कुछ नुस्ख़े

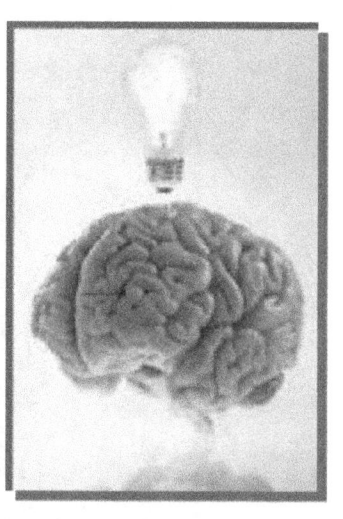

➢ **स्वयं को जानें** : किसी भी जंग में जाने से पहले समझदार जनरल आपने दुश्मनों के बारे में जानना चाहता है। आप दुश्मन को जाने बिना उसे हरा नहीं सकते और जब आप नकारात्मक आत्मछवि से उबर कर आत्मविश्वासी बनना चाह रहे हैं, तो आप अपने ही शत्रु हैं। अपने–आप को जानें। अपने विचारों को सुनना सीखें, अपने विचार लिखकर विश्लेषण करें कि आपकी सोच नकारात्मक क्यों है? उसके बाद अपनी कमियों को दूर करने की कोशिश कीजिए। आपमें निश्चित रूप से आत्मविश्वास आयेगा।

➢ **सकारात्मक बनें** : सिर्फ़ सकारात्मक सोचने के बजाय इसे अपने कामों में उतारें। सकारात्मक बनना सीखने के बाद, अपनी एक–एक कार्यवाही में इसे उतारें। आप वहीं हैं, जो लोग कहते हैं। इसलिए यदि आप काम में बदलाव लाते हैं, तो आप जो हैं, उसमें भी बदलाव आयेगा। "मैं कोई काम नहीं कर सकता", ऐसी सोच रखने के बजाय सकारात्मक रूप से उस काम को करें। लोगों से सकारात्मक रूप से मिलें। आपके काम ऊर्जा व जोश से भरपूर होंगे, तो जल्दी ही फ़र्क़ महसूस होने लगेगा।

- **हमेशा तैयार रहें** : यदि आपको लगता रहेगा कि आप अच्छा नहीं कर पायेंगे, तो आत्मविश्वास कहाँ से आयेगा। पूरी तैयारी करें, ताकि इस सोच से लड़ा जा सके। किसी परीक्षा के बारे में सोचें। अपने ऊपर पूरा भरोसा न होने के बावजूद आपने तैयारी की और परीक्षा दी। वहाँ आप अच्छे अंकों से पास हुए। इस तरह आपका आत्मविश्वास बढ़ेगा। अब जीवन को भी एक परीक्षा मान लें व इसकी तैयारी करें।
- **धीरे बोलें** : बात तो छोटी है, लेकिन आपकी छवि में बहुत बड़ा बदलाव ला सकती है। अधिकार रखने वाला व्यक्ति धीरे–धीरे बोलता है। वह आत्मविश्वास से भरपूर होता है। किसी व्यक्ति को जब लगता है कि उसकी बात सुनने लायक़ नहीं है, तभी वह उसे जल्दी–जल्दी बोलकर ख़त्म करने की कोशिश करता है। चाहे आपको इस बात पर यक़ीन न आये, फिर भी इसे आजमा कर देखें। इससे आप आत्मविश्वास से भरपूर हो जायेंगे।
- **क्षमता बढ़ायें** : क्षमता धीरे–धीरे बढ़ती है। यदि आप एक सक्षम लेखक बनना चाहते हैं, तो छोटी कहानियाँ, ब्लॉग व फ्रीलांस लेखन से शुरुआत करें। जितना लिखेंगे, लेखन में उतना ही निखार आयेगा। हर रोज़ दिन में आधा घण्टा लिखने का अभ्यास करें, इससे आपकी क्षमता बढ़ेगी।
- **काम को टालें नहीं** : जिस काम को कई दिन से टाल रहे हों, उसे आज सबसे पहले निपटा दें। आपको मन ही मन बहुत अच्छा लगेगा।

- **सक्रिय रहें** : कुछ न करने से कुछ करना बेहतर होता है। हालाँकि कम करने से ग़लतियाँ तो होंगी, पर वे भी जीवन का ही एक हिस्सा हैं। तभी तो हम सीखते हैं। ग़लतियाँ नहीं होंगी, तो बेहतरी की सम्भावना ही नहीं रहेगी। बस सक्रिय रूप में लगे रहें।

➤ **छोटी बातों पर ध्यान दें** : किसी भी बड़े और मुश्किल प्रोजेक्ट को हाथ में लेना, किसी के लिए भी सिरदर्द बन सकता है, लेकिन उसे छोटे–छोटे टुकड़ों में बाँट लें। जब वे काम पूरे होंगे, तो आपको अच्छा लगेगा। इसी तरह काम करते रहें। आपके आत्मविश्वास में कोई कमी नहीं रहेगी।

➤ **समाधानों पर केन्द्रित रहें** : समस्या की बजाय समाधान पर केन्द्रित होना सीखें। "मैं मोटा और आलसी हूँ।" इस समस्या पर सोचने की बजाय समाधान निकालें, "लेकिन मैं स्वयं को प्रेरित कर सकता हूँ।" इस तरह समाधान के बारे में सोचने से भी आपका आत्मविश्वास बढ़ेगा।

➤ **छोटे लक्ष्य बनायें** : देखा गया है कि लोग बिना सोचे–समझे बड़े–बड़े लक्ष्य बना लेते हैं। जब उन तक नहीं पहुँच पाते, तो निराश हो जाते हैं। आप ऐसे लक्ष्य बनायें, जिन्हें प्राप्त किया जा सके। इस तरह आपको अच्छा लगेगा। हर बार नया छोटा लक्ष्य बनायें व उसे प्राप्त करें। इसके बाद आपको प्राप्त किये जा सकने वाले बड़े लक्ष्य भी बनाने आ जायेंगे और आप उन्हें भी प्राप्त कर पायेंगे।

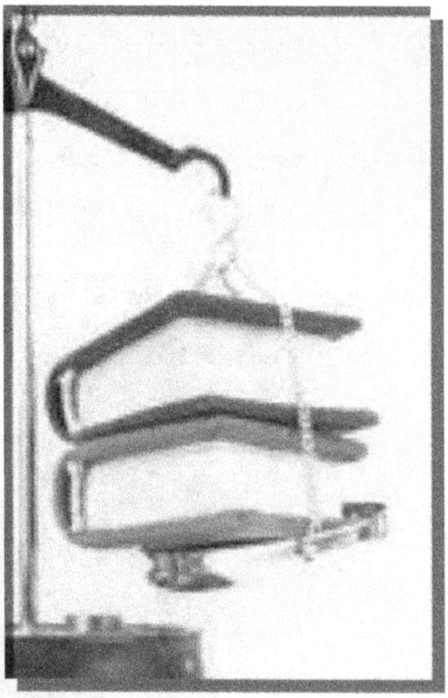

➤ **सदा मुस्कुरायें** : यह छोटी–सी बात है, लेकिन बहुत अहमियत रखती है। इससे हमें खुशी मिलती है और हम दूसरों के प्रति दयालु रवैया अपना सकते हैं। यह समय व ऊर्जा के हिसाब से भी बुरा निवेश नहीं है।

➤ **व्यायाम** : यह भी एक ऐसी गतिविधि है, जो आपको बेहतरी का एहसास दिलाती है। सप्ताह में कुछ दिन सैर पर जायें, आप स्वयं फ़र्क़ महसूस करेंगे।

➤ **जानकारी हासिल करें** : चाहे तरीक़ा कोई भी हो, जानकारी लेने में आपका आत्मविश्वास बढ़ेगा। इण्टरनेट की मदद लें, दुनिया के बारे में जानें। इसके अलावा आप किताबों, पत्रिकाओं व शैक्षिक–संस्थानों से भी मदद ले सकते हैं।

✳✳✳

परीक्षा के अन्तिम दिनों में क्या करें?

मस्तिष्क के लिए अध्ययन की उतनी ही आवश्यकता है, जितनी शरीर को व्यायाम की।
—जोसेफ़ एडीसन

जितना ही हम अध्ययन करते हैं, उतना ही हमको अपने अज्ञान का आभास होता है।
—स्वामी विवेकानन्द

आज पढ़ना सब जानते हैं, पर क्या पढ़ना चाहिए, यह कोई नहीं जानता।
—जार्ज बर्नार्ड शॉ

प्रिय पाठकों! परीक्षा के अन्तिम दिनों में हर विद्यार्थी का मानसिक रूप से तैयार होना बहुत ज़रूरी है। जो विद्यार्थी खुद को परीक्षा देने के लिए तैयार नहीं कर पाते, उन्हें परीक्षा से भय लगने लगता है। भय की वज़ह से मानसिक तनाव व घबराहट बढ़ जाती है। सिर में दर्द, चक्कर आना, मुँह सूखना, याददाश्त का कम हो जाना तथा थकान के लक्षण दिखायी देने लगते हैं। कभी-कभी तो सब कुछ छोड़ कर भाग जाने की इच्छा होने लगती है। इसलिए अपनी पढ़ाई नियमित रूप से करें। आप अपनी पढ़ाई पहले से कर लेते हैं, तो आप अपने-आपको परीक्षा देने के लिए

तैयार कर लेते हैं। ऐसे में आपका आत्मविश्वास बढ़ जाता है और आपको किसी भी प्रकार का भय या डर का सामना नहीं करना पड़ता।

नियमित रूप से पढ़ाई

देखा गया है कि कई छात्र साल भर नियमित रूप से पढ़ाई करते हैं, लेकिन परीक्षा के क़रीब आने पर वे ओवर कांफिडेंस का शिकार हो जाते हैं और अपनी पढ़ाई में ढिलाई करने लगते हैं। इसका नतीजा यही निकलता है कि उनके मार्क्स बहुत कम आते हैं। इसलिए परीक्षा के दिनों में आप आलस्य हरगिज़ न करें। सभी विषयों की पूरी तैयारी हो चुकी है, तो उनका रिवीजन करते रहे। साल भर जिस गति से आपने अपनी पढ़ाई जारी रखी है, उसी गति से परीक्षा के अन्तिम दिनों तक अपनी पढ़ाई जारी रखें। यहाँ मैं आपसे एक बात का ज़िक्र और करना चाहूँगा। परीक्षा के दिनों में इस पुस्तक को अवश्य पढ़ें, ताकि स्मृति को विकसित करने वाली सारी तकनीकें आपके ज़ेहन में अच्छी तरह से बैठ जायें। मैं यक़ीन से कहता हूँ कि परीक्षा के अन्तिम दिनों में यह किताब आपके लिए रामबाण औषध का कार्य करेगी।

आत्मविश्वास ज़रूरी है

इसमें कोई दो राय नहीं कि परीक्षा देने से पहले अगर आप अपने सभी विषयों की तैयारी कर लेंगे, तो आपमें निश्चित रूप से आत्मविश्वास आयेगा। परीक्षा देने के लिए आपमें ख़ासा उत्साह होगा। आपके मन में यह शब्द गूँजने लगेंगे–''मैं सब कुछ कर सकता हूँ।'' लेकिन यहाँ आप एक बात ख़ास तौर से स्मरण रखें कि अति उत्साह में

परीक्षा के दिनों में आप रिवीजन न करें, नहीं तो आप परीक्षा में कभी भी अच्छे मार्क्स नहीं प्राप्त कर पायेंगे।

ब्रेक ज़रूर लें

अगर आप समझते हैं कि दिनभर लगातार पढ़ते रहने से अच्छे नम्बर मिल जायेंगे, तो आपका ऐसा सोचना ग़लत है, क्योंकि लगातार पढ़ाई करने से दिमाग़ तनावग्रस्त हो जाता है और ध्यान भंग होने लगता है। इसी वज़ह से आप सब पढ़ा–लिखा भूल जाते हैं। इसलिए पढ़ते समय आप ब्रेक ज़रूर लें। ब्रेक लेने से दिमाग़ का तनाव कम हो जाता है और वह तरोताज़ा महसूस करने लगने लगता है।

क्या करें ब्रेक के दौरान

ब्रेक के दौरान आप कुछ आसान से व्यायाम भी कर सकते हैं, जिससे आप स्वयं को तरोताज़ा महसूस करेंगे।

- अपनी तर्जनी (अँगूठे के साथ पहली अँगुली) से अँगूठे के पोर का स्पर्श कीजिये। ध्यान देने पर आप अपनी धड़कन (पल्स) महसूस कर सकते हैं।
- अपनी आँखें बन्द कर लें। एक मिनट तक बिलकुल शान्त रह कर मन को शान्त करने का प्रयास करें, फिर नाक से गहरी साँस लें और मुँह से छोड़े। इससे भी आपको काफ़ी हद तक शान्ति मिलेगी
- तेज़ क़दमों से नंगे पैर टहलना दिमाग़ को तरोताज़ा रखता है।
- एक्यूप्रेशर वाली चप्पल पहन कर टहलें। तलवों में कई प्रेशर प्वाण्इट होते हैं। चलते समय इन पर दबाव पड़ता है और ये सक्रिय हो जाते हैं। इससे ब्लड ऑक्सीजन और ग्लूकोज़ का प्रवाह बढ़ जाता है।
- अँगुलियों से मेज़ थपथपायें। इससे अँगुलियों के पोरों पर स्थित ऊर्जा–बिन्दु सक्रिय हो जाते हैं।
- अपनी भौहों के शुरुआती बिन्दु पर (नाक के ऊपर) थपथपाने से दिमाग़ को तेज़ी से खून मिलने लगता है।
- नाक के नीचे और होंठों के ऊपर के स्थान पर अँगुलियों को थपथपाने पर दिमाग़ को मानसिक तनाव से राहत मिलती है।

समय-प्रबन्धन बेहद ज़रूरी

परीक्षाओं के अन्तिम दिनों में आपकी सीटिंग (बैठक) परीक्षा के टाइम के हिसाब से होनी चाहिए। आपको उसी टाइम में अपने पुराने पेपर हल करने की प्रैक्टिस कर लेनी चाहिए। यदि आप ऐसा नही कर पाते हैं, तो आपको मिलने वाले मार्क्स बेक़ार चले जायेंगे।

➤ परीक्षा देते समय सबसे पहले आसान सवालों को हल करें। इससे आपको अन्य सवालों के जवाब देने में गति आयेगी।

➤ अपना वक़्त दोस्तों के सवालों के ज़वाब देने में न बितायें, क्योंकि परीक्षा के अन्तिम दिनों में आपका एक-एक मिनट बहुत महत्त्वपूर्ण होता है।

➤ दूसरों के अध्ययन पर ध्यान न दें। आप क्या पढ़ रहे हैं, अपनी पढ़ाई पर कितना समय दे रहे हैं, उस पर ध्यान दें।

➤ परीक्षा के दिनों में खेलकूद, मनोरंजन पर अधिक ध्यान न दें। इसके बदले थोड़ा-सा व्यायाम करें। खुली हवा में घूमें। दोस्तों के साथ बैठकर बेक़ार की बातों में समय ज़ाया न करें, अपने विषयों पर बातचीत करें।

➤ देर रात तक जाग कर पढ़ाई न करें। जल्दी सो जायें और सुबह जल्दी उठकर पढ़ाई करें। सुबह की पढ़ाई अच्छी होती है और वातावरण भी शान्त होता है, जिससे किसी भी विषय को याद करने में आसानी रहती है

परीक्षा के दिनों में कैसा हो खानपान

परीक्षा के दिनों में खानपान पर विशेष ध्यान रखना चाहिए, क्योंकि इन दिनों छात्र तनाव से गुज़र रहे होते हैं। उन्हें लम्बे समय तक स्टडी टेबल पर बैठकर पढ़ाई करनी होती है।

वसा का नियन्त्रण : इन दिनों अधिक वसायुक्त चीज़ें नहीं खानी चाहिए। इससे सुस्ती आती है। खानपान में कार्बोहाइड्रेट, विटामिंस और मिनरल्स की उचित मात्रा होनी चाहिए। इसके लिए हरी सब्ज़ी, ताज़े फल, सूखे मेवे तथा दूध का अधिक मात्रा में सेवन करना चाहिए।

जंक फूड से परहेज़ : परीक्षा के दौरान विद्यार्थियों को जंक फूड के सेवन से परहेज़

करना चाहिए। जंक फूड में आवश्यक पोषक तत्त्व नहीं होता और जब हमारे शरीर को आवश्यक पोषक तत्त्व नहीं मिलता, तब मस्तिष्क की सक्रियता कम हो जाती है।

नाश्ते में शहद : शहद एक पौष्टिक आहार है। नाश्ते में ब्रेड या रोटी के साथ इसे लिया जा सकता है। इससे शरीर को विटामिन व ऊर्जा पर्याप्त मात्रा में मिलती है।

दूध व फल : परीक्षा के दिनों में दूध और ताज़े फल का सेवन नियमित रूप से करना चाहिए। इससे शरीर को पर्याप्त मात्रा में विटामिन व मिनरल मिलते रहते हैं। ताज़े फल व दूध से जो ऊर्जा मिलती है, वह पढ़ाई के दौरान काफ़ी काम आती है।

ग्लूकोज़ : पढ़ाई के दौरान बीच-बीच में ग्लूकोज़ पाउडर मिला हुआ पानी यदि पीते हैं, तो मस्तिष्क को काफ़ी एनर्जी मिलती है।

बादाम का सेवन : विद्यार्थियों को नियमित रूप से बादाम का सेवन करना चाहिए। बादाम मे पाये जाने वाले तत्त्व मस्तिष्क की कोशिकाओं को काफ़ी मात्रा में एनर्जी देते हैं, जिससे मस्तिष्क लम्बे समय तक सक्रिय रहता है। परीक्षा के दिनों में सुबह-शाम बादाम अवश्य खाने चाहिए

दोपहर का खाना : दोपहर के वक़्त भरपेट खाना चाहिए। भोजन में दाल, चावल, रोटी, हरी सब्ज़ी, नींबू आदि शामिल करने चाहिए। इन दिनों नॉनवेज़ खाने वाले विद्यार्थियों को मटन व चिकन से परहेज़ करना चाहिए।

शाम का भोजन : शाम के वक़्त हल्का गरम दूध, बादाम डालकर सेवन करें। ताज़े फल भी खा सकते हैं। इसके अलावा कोई डिब्बाबन्द सामग्री, चाऊमीन, पास्ता तथा कोल्ड ड्रिंक आदि का सेवन न करें।

रात का भोजन : रात का खाना हल्का होना चाहिए। खाने में आप हल्की दाल, पतली रोटी, सूप तथा सलाद आदि शामिल कर सकते हैं

पानी कितना पीयें : पढ़ाई के दौरान दिन भर में कम-से-कम आठ से दस गिलास पानी ज़रूर पीना चाहिए। पर्याप्त मात्रा में पानी पीने से शरीर के अन्दरूनी तन्त्रों की अच्छी तरह से सफ़ाई हो जाती है।

कैसे करें परीक्षा की तैयारी?

परीक्षा की तिथि घोषित होते ही अधिकतर छात्र परीक्षा की तैयारी कैसे करें? इस बात को लेकर परेशान हो जाते हैं। विद्यार्थी द्वारा ठीक ढंग से परीक्षा की तैयारी न करने की वज़ह से उन्हें परीक्षा में मनचाही सफलता प्राप्त नहीं होती है।

पढ़ाई में मनचाही सफलता पाने के लिए कुछ बातों पर ध्यान देने की ख़ास ज़रूरत होती है पढ़ाई की तैयारी करते समय विद्यार्थी निम्नलिखित बातों पर ज़रूर गौर करें।

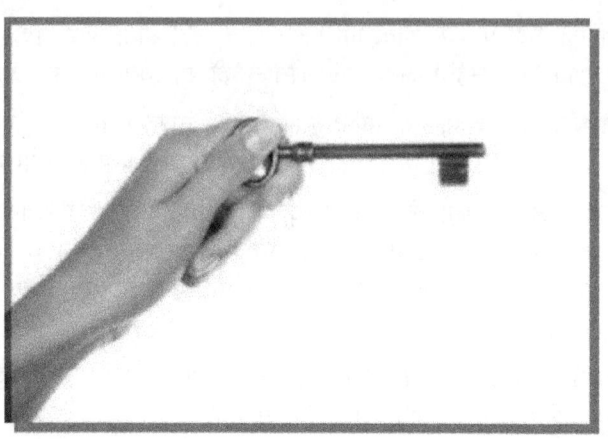

टाइम टेबल बनाकर पढ़ें : परीक्षा के नाम पर तनाव न पालें। आत्मविश्वास और सकारात्मक सोच के साथ तैयारी करें। प्रतिदिन नियमित रूप से अध्ययन करें। ऐसा नहीं कि आज एक घण्टे पढ़ाई की और अगले दिन चार घण्टे। इससे पढ़ाई का पूरा लाभ नहीं मिलेगा।

नोट्स ज़रूर बनायें : प्रत्येक विषय को व्यवस्थित तरीक़े से पढ़ने के लिए नोट्स ज़रूर बनायें। इससे अच्छी तरह से पाठ्य पुस्तक का दोहराव हो जाता है और उत्तर की अच्छी रूपरेखा तैयार हो जाती है। साथ–साथ कोई भी महत्त्वपूर्ण प्वाइण्ट भी नहीं छूटते।

कठिन विषय : कठिन विषयों से ज़रा भी न घबराएँ। उन विषयों को ज़्यादा समय देकर पढ़ाई करें।

विषय की गहराई में जाना : किसी विषय को कितना भी रटा जाये, उसे निश्चित समय के बाद भूल जाते हैं। लेकिन यदि उसे अच्छी तरह से समझ लिया जाये, तो वह लम्बे समय तक याद रहता है। इसलिए किसी भी विषय को रटने के बजाय उस विषय की गहराई में जाकर उसे समझने की कोशिश करें। गहरी समझ ज्ञान को स्थायी बनाती है।

शंकाओं का समाधान : किसी भी विषय को समझने में आपको दिक़्क़त हो, तो आप फ़ौरन उस विषय के टीचर से मिलकर उसका समाधान करें। यह बात आप ज़रूर याद रखें कि यदि आपने इस मामले मे ज़रा भी लापरवाही बरती, तो वह शंका आपको हमेशा परेशान करेगी।

बार-बार पढ़ें और लिखें : परीक्षा में अच्छे परिणाम चाहते हैं, तो प्रश्नों के उत्तर लिखें और पढ़ें। सिर्फ़ पढ़ने से पचास प्रतिशत उत्तर याद रहता है। यदि लिख–लिख कर याद किया जाये, तो वह पूरी तरह से याद हो जाता है।

गेस पेपर का निर्भर न हों : बाज़ार में बिकने वाले गेस पेपर, कुंजी, गाइड आदि

से पढ़ाई न करें। पाठ्यपुस्तक से ही पढ़कर परीक्षा की तैयारी करें। परीक्षा के पहले नोट्स तैयार कर लें, जिससे परीक्षा की तैयारी के दौरान लम्बे-लम्बे अध्यायों से पढ़ने से बच सकें।

बैठ कर पढ़ाई करें : जो लोग लेटकर पढ़ते हैं, उन्हें यह बात ज़रूर याद रखनी चाहिए कि लेटकर पढ़ाई करने से आँखों पर ज़ोर पड़ता है। इसलिए पढ़ने के लिए टेबल और कुर्सी का ही प्रयोग करें। इस बात का ध्यान रखें कि पढ़ाई के समय रोशनी आँखों पर न पड़े। रोशनी हमेशा पुस्तक पर पड़नी चाहिए। इसके लिए टेबल लैम्प का इस्तेमाल करें।

लम्बी बैठक ठीक नहीं : कई घण्टों तक बैठकर पढ़ाई करना कदापि ठीक नहीं है। एकाध घण्टा पढ़ने के बाद 5-10 मिनट के लिए आराम करना चाहिए। इसके बाद फिर पढ़ाई शुरू करें। इस 5-10 मिनट के लिए कुर्सी से उठकर कमरे के बाहर या कमरे के अन्दर टहलें। इससे हाथ-पैर और शरीर की जकड़न दूर हो जायेगी। चेहरे और आँखों पर पानी के छीटें मारें, इससे ताज़गी महसूस होगी।

सोने का समय : देर रात तक पढ़ाई करना लाभदायक नहीं होता। रात में समय से सो जायें और सुबह जल्दी उठकर पढ़ाई करें। सुबह जल्दी उठ कर पढ़ाई करना अच्छा होता है। रात भर मस्तिष्क की कोशिकाएँ आराम कर चुकी होती हैं, जिससे मस्तिष्क तरोताज़ा रहता है।

परीक्षा हॉल में

परीक्षा हॉल में समय जैसे पंख लगाकर उड़ता है। ऐसी स्थिति से निपटने के लिए उत्तर देने की गति को बढ़ाने की ज़रूरत होती है। इसकी तैयारी पहले से करने की आवश्यकता होती है।

➤ परीक्षा की तैयारी करते समय विद्यार्थियों को इन बातों का ध्यान रखना चाहिए कि वे जो भी तैयारी कर रहे हैं, उसे पूरी प्लानिंग से करें।

➤ तीन घण्टे में आप कितने सवाल सही या ग़लत करते हैं, इस पर ध्यान दें। हो सकता है कि शुरुआती दिनों में हड़बड़ी और जल्दबाज़ी में ग़लतियाँ अधिक हो सकती हैं। इसकी चिन्ता न करें। इस बात का ध्यान रखें कि अगली बार ग़लतियों को न दोहरायें। अभ्यास करते-करते सुधार आ जायेगा।

➤ जब ग़लतियों में सुधार आ जाये, तब धीरे-धीरे समय घटाते जायें। दो घण्टे के समय को एक घण्टे तक घटायें। जब आप ऐसा कर लेते हैं, तो समय और सब्जेक्ट दोनों पर आपकी पकड़ अच्छी हो जाती है।

➤ गणित के पेपर को सही तरीक़े से हल करने के लिए पहाड़ा (टेबल), वर्ग, भाग आदि को अच्छी तरह से याद कर लें। 1 से लेकर 20 तक के टेबल, वर्गमूल, घनफल आदि को याद कर लेने से ज़्यादा विकल्पों वाले प्रश्नों को मौखिक ही हल किया जा सकता है।

➤ सवाल को हल करने की ही नहीं, पढ़ने की गति को बढ़ाने की भी ज़रूरत होती है। यदि आप प्रश्नपत्र को पढ़ने में ही आधा घण्टा लगा देंगे, तो उसे हल करने का समय कम हो जायेगा।

➤ प्रश्नपत्र पर एक नज़र डालें। जो शुरू में आसान लगता है, उसे तुरन्त हल कर लें और आगे बढ़ते जायें। यदि आप पूरा पर्चा पढ़ने के इच्छुक हैं, तो जिस प्रश्न के फामूर्ला याद आते जा रहे हैं, उन्हें उत्तरपुस्तिका के रफ साइड में पेंसिल से प्रश्न के नम्बर के साथ नोट कर लें। इससे आप पूरा प्रश्नपत्र पढ़ने के बाद प्रश्नों के फामूर्ला भूलेंगे नहीं।

➤ जो सवाल आसान होते हैं, उन्हें हल करने में कम-से-कम समय लें। बचे समय को कठिन प्रश्नों को हल करने में लगायें।

➤ मुश्किल सवाल हल करने के लिए उत्तरपुस्तिका के रफ़ साइड पर ही सभी प्रश्नों को फामूर्ला लगाकर हल कर लें। जिस फामूर्ला में उत्तर आ जायें, उसे फेयर साइड में उतार लें।

✻✻✻

मेरिट में आने के लिए क्या करें?

> जीवन की विडम्बना यह नहीं है कि आप अपने लक्ष्य तक नहीं पहुँचे, बल्कि यह है कि पहुँचने के लिए आपके पास कोई लक्ष्य ही नहीं था
> —बेंजामिन मेस

प्रिय पाठकों! यदि आपको परीक्षा में प्रथम आना है या मेरिट में स्थान पाना है, तो आपको निम्नलिखित बातों पर अमल करना पड़ेगा। मुझे यक़ीन है कि आप निम्नलिखित बातों को अपने अमल में ले आयेंगे, तो फिर असफलता आपके क़रीब भी नहीं फटक सकती।

श्रेष्ठ लक्ष्य तय करना

सबसे पहले आपको अपना लक्ष्य निर्धारित करना है। इसी के तहत आपको अपने दैनिक क्रिया-कलापों को गतिशील बनाना है। इस समय आपका प्रमुख लक्ष्य अपनी परीक्षा अथवा प्रतियोगिता में सफलता प्राप्त करना ही है तथा आपको इसी लक्ष्य की प्राप्ति के लिए प्रयासरत होना चाहिए।

स्मरण-शक्ति पर पूर्ण विश्वास

आपकी सफलता-प्राप्ति में स्मरण-शक्ति की अहम भूमिका होती है। आपकी स्मृति जिन तत्त्वों पर आधारित है, वे हैं–आपका स्वयं की स्मरण-शक्ति में विश्वास, अध्ययन से सम्बन्धित विषयों में रुचि तथा एकाग्रता। इनके द्वारा आप किसी भी क्षेत्र में कामयाबी पा सकते हैं।

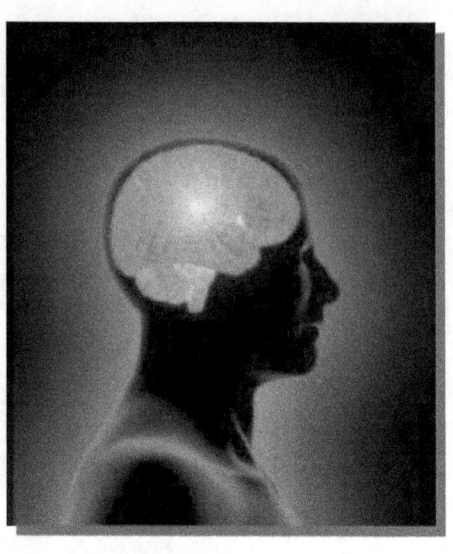

अच्छे अंक कैसे प्राप्त करें?

आजकल प्रत्येक विद्यार्थी इसी उधेड़बुन में लगा रहता है कि परीक्षा में अधिक से अधिक अंक कैसे प्राप्त किये जायें। उसकी बराबर यही चिन्ता बनी रहती है कि किस तरह वह अपने परीक्षा-परिणामों को बेहतर बनाये। ये दुविधाएँ स्वाभाविक भी हैं, परन्तु जब यह चिन्ताएँ दिमाग़ में घर (प्रवेश) कर जाती हैं, तो मस्तिष्क की कार्यकुशलता में बाधा उत्पन्न करती हैं।

आप कितना अध्ययन करते हैं? अपने अध्ययन में कितना समय व्यतीत करते हैं? कितनी मेहनत करते हैं? इन सब बातों का परिचय अपने मित्रों, अध्यापकों से अवश्य करायें। शिक्षकों से साफ़-साफ़ बात करने में, प्रश्न पूछने में तथा प्रश्नों के उत्तर बताने में कतई संकोच नहीं करना चाहिए।

हो सकता है कि वे आपके प्रयासों में और अमूल्य योगदान और अधिक देने को तत्पर हो जायें। प्रत्येक अध्यापक अपने छात्रों का हर तरीक़े से भला चाहता है। उसकी हमेशा यही आकांक्षा रहती है कि वह अपने ज्ञान का समस्त भण्डार अपने विद्यार्थियों पर अर्पण कर दे। वह हमेशा आपका हित चाहता है। वह यह भी चाहता कि उससे पढ़ने वाला हर विद्यार्थी उसका तथा स्कूल का नाम रोशन करे। इसलिए अपने सफलतादायक प्रयासों से अपने अध्यापकों को अवश्य अवगत कराइए। उनसे किसी भी विषय पर विचार-विमर्श करने में अथवा सलाह देने-लेने में संकोच नहीं करना चाहिए।

हमेशा नया सीखने की आदत डालें

हेनरी फोर्ड का कहना था कि जिस व्यक्ति ने नया सीखना बन्द कर दिया, समझो वह बूढ़ा हो गया। चाहे वह 25 साल का जवान ही क्यों न हो। जिस व्यक्ति में हमेशा नया सीखने की उत्सुकता रहती है, वही युवा बना रहता है। हर समय नया सीखते रहने

की प्रवृत्ति आपके मानसिक विकास के लिए बहुत लाभदायक है, क्योंकि अपने क्षेत्र में जिसकी जितनी नयी जानकारी होगी, वह उस क्षेत्र में उतना ही अधिक सफल होगा और उतना ही प्रभावशाली होगा। अत: हर क्षेत्र में नयी-नयी बातें सीखने से ही आपका जीवन सफल होगा। जो छात्र यह सोचता है कि उसे सब जानकारी है, वह अहंकार के कारण उचित परिश्रम नहीं करता और मेरिट में आने में सफल नहीं हो पाता।

एक बात आप हमेशा याद रखिए कि संसार में होने वाली नित नयी प्रगति के ज्ञान के साथ जो नहीं चलता, वह हर क्षेत्र में पिछड़ जाता है। क्योंकि किसी भी काम को सुचारू रूप से सम्पन्न करने के लिए उपयुक्त शक्ति की आवश्यकता होती है। यह शक्ति आती है ज्ञान से और ज्ञान आता है—सतत् अध्ययन से।

मनोबल ऊँचा रखें

अगर आपका मनोबल ऊँचा है, तो आपके सारे कार्य सफलतापूर्वक सम्पन्न होंगे। जीवन-संघर्ष में हर व्यक्ति को अनेक कठिनाइयों और समस्याओं का सामना करना पड़ता है। लेकिन मनोबल ऊँचा रख कर इन कठिनाइयों और समस्याओं पर विजय प्राप्त की जा सकती है। आपने देखा होगा कि कई निर्धन और साधनहीन छात्र भी अपने परिश्रम से मेरिट में स्थान पा लेते हैं, जबकि कई साधन-सम्पन्न छात्र परिश्रम और मनोबल के अभाव में परीक्षा में असफल हो जाते हैं। इसका एकमात्र कारण है— मनोबल का अभाव।

हीनभावना को पास न फटकने दें

हीनभावना आदमी को कभी भी ऊँचा नहीं उठने देती। वह उन्हें दब्बू और भीरु बनाती है। अगर आप अपने जीवन में सफल होना चाहते हैं, तो आपको हीनभावना को कभी भी अपने पास फटकने नहीं देना चाहिए। यानी कि आपको जैसे ही किसी चीज़ को लेकर हीनभावना आती है, आपको फ़ौरन उस चीज़ को अपने दिलो-दिमाग़ से बाहर निकाल देना है और यदि आपमें सच में कोई कमी है, तो उस कमी को आपको

अपने मस्तिष्क के विश्वास से अपने ज़ेहन में हमेशा-हमेशा के लिए बाहर खदेड़ देना है। एक बार आप अपनी हीनभावना से छुटकारा पा लेंगे और खुद को अपने क्षेत्र में विशेष बना लेंगे, तो फिर सफलता आपके क़दमों को चूमे बिना नहीं रहेगी।

कभी संकोच न करें

चाणक्य-नीति में कहा गया है कि धन और अन्न के उचित प्रयोग में, विद्या-अध्ययन करने में, भोजन के समय और अन्य सामान्य व्यवहार में जो पुरुष संकोच करेगा, वह कभी सुखी नहीं रहेगा। आपने अपने आसपास के कई लोगों को भी देखा होगा कि वे हर मामले में संकोच करते हैं। अगर यही संकोच की भावना किसी विद्यार्थी में है, तो उसे अपने जीवन में सफल होने के लिए कड़ी मेहनत करनी पड़ती है, क्योंकि संकोच की भावना आत्मविश्वास की भावना को दीमक की तरह चाट लेती है। परिणाम यह होता कि कायरता से ऐसे विद्यार्थियों की मौलिकता एवं गुणों की क्षमता दबकर रह जाती है।

अनेक बुराइयों की तरह ही संकोच या शर्म करना आपकी कल्पना की ही उपज होती है। इसे दूर करने के लिए सभाओं में जायें, सामाजिक कार्यों में जाकर लोगों से मिलें-जुलें। प्रतियोगिताओं में भाग लें, ज़िम्मेदारी का काम हाथ में लें, अन्य लोग-बाग आपके बारे में क्या सोचते हैं, इसकी परवाह न करते हुए अपनी हीन भावना को दृढ़ इच्छाशक्ति और कठोर परिश्रम से दूर करें।

नम्रता सबसे बड़ा गुण

दुनिया में जितने भी महान व लोकप्रिय व्यक्ति हुए हैं या हैं, उनके जीवन की जानकारी प्राप्त करें, तो पता चलेगा कि उनके चरित्र में अन्य गुणों के साथ-साथ नम्रता का गुण प्रधान रहा है। वास्तव में, नम्रता का गुण अपने भीतर कोमलता, धैर्य, उदारता और कृतज्ञता के भावों को सहेज कर रखता है। भौतिकता की अन्धी दौड़ में आदमी ने नम्रता का दामन छोड़कर अहंकार की प्रवृत्ति अपना ली है। अहंकार मनुष्य को नष्ट कर देता है। परम वैभवशाली रावण का नाश भी अहंकार के कारण हुआ था।

जिन छात्रों में नम्रता के गुण नहीं होते, वे विद्या का पूरा सदुपयोग नहीं कर पाते। नम्रता के बारे में मैं आपको एक बात और बता देता हूँ कि नम्रता शक्तिशाली और सामर्थ्यवान

व्यक्ति को ही शोभा देती है। इसलिए आप अपना लक्ष्य सदैव ऊँचा बनने का रखें और व्यवहार में नम्रता लायें।

आशावादी बनें

संसार के सारे कार्य आशाओं पर चलते हैं। यदि आशाएँ न होती, तो संसार नीरस और निश्चेष्ट–सा दिखायी देता। आपकी आशाएँ ही शक्ति का संचार करती हैं। आपकी प्रत्येक उन्नति, जीवन की सफलता तथा जीवन लक्ष्य की प्राप्ति का संचालन आशाओं के द्वारा ही होता है। आशाओं के सहारे ही आप घोर विपत्तियों में दुश्चिन्ताओं को हँसते–हँसते जीत सकते हैं। आशावादी लोगों की हर कठिनाई में भी किसी सुअवसर के दर्शन होते हैं, किन्तु निराशावादी लोगों को हर सुअवसर में भी कठिनाई और बाधा ही दिखायी पड़ती है।

आशावादी का दृष्टिकोण अपनाकर आप चिन्ता, भय और अनेक बुराइयों को निकाल फेंकने में समर्थ हो सकते हैं। आशावादी दृष्टिकोण ही आपको हँसते–हँसते जीवन जीना सिखाता है। दु:खों से घिरे रहने पर भी आशावादी दृष्टिकोण के बल पर आप प्रसन्न रह सकते हैं। आशा ही वह सम्बल है, जिसके आधार पर आप परीक्षा की मेरिट में अपना स्थान सुनिश्चित कर सकते हैं। अतः निराशा छोड़ें और आशावादी दृष्टिकोण अपनायें।

आज का काम कल पर न टालें

अँग्रेज़ी में एक कहावता है–'टुमारो नेवर कम्स'–मतलब यह कि कल कभी नहीं आता। इसके बावजूद अधिकांश छात्रों की पढ़ाई कल के भरोसे चलती है। यह जानते हुए भी कि पढ़ाई टालने की आदत बहुत ख़राब होती है अधिकांश लोग इस ओर ध्यान नहीं देते हैं। असंख्य छात्र जिनमें सफलता के शिखर पर चढ़ जाने की योग्यता थी, जिन्दगी भर असफल रहे। क्योंकि उनमें ठीक काम को ठीक समय पर करने की तत्परता नहीं थी।

बहुत से लोग जिनमें सफल होने की योग्यता थी, कभी सफल न हो सके, क्योंकि उनमें सही कार्य को सही समय पर करने की आदत या तत्परता नहीं थी।

जिस छात्र ने आज का उपयोग उचित रूप से करना सीख लिया, समझो उसने जीवन की बाज़ी जीत ली। हार का मुँह तो उन्हीं छात्रों को देखना पड़ता है, जो आज का कार्य कल पर टालते हैं। जो दृढ़ निश्चयी होते हैं, वे आज का काम कल पर कभी नहीं टालते और अन्त में वे ही मेरिट में स्थान पाकर जीवन में कुछ कर गुज़रते हैं। आपको जो कुछ करना है, अभी करें। छोटे–छोटे कामों को तुरन्त निर्णय लेकर निपटायें। पढ़ाई का काम अधिक होने पर अपनी प्राथमिकता निश्चित कर, एक–एक कर कार्य निपटायें। ज्यों–ज्यों काम निपटता जायेगा, आपका उत्साह बढ़ता जायेगा और मन का बोझ हल्का होता जायेगा।

धैर्य बनाये रखें

कुछ कार्य आसान होते हैं और झट से हो जाते हैं, जबकि बहुत से कार्य सरल न होकर अधिक कठिन और समय-साध्य होते हैं, जिनके पूरा होने में समय लगता ही है। जैसे कि परीक्षा या आपका कोई भी लक्ष्य। मान लीजिए कि आप परीक्षा की मेरिट में आना चाहते हैं, तो इसके लिए आपको परीक्षा होने तक पूरे वर्ष लगातार धैर्य रखकर गहन अध्ययन करना पड़ेगा और परीक्षा के बाद परीक्षा-परिणाम के लिए भी इन्तज़ार करना पड़ेगा। यदि आपने डाक्टरी या इंजीनियरिंग में जाने का निर्णय लिया है, तो पहले उसकी प्राथमिक योग्यताएँ प्राप्त करने के लिए धैर्य आवश्यक है। यदि आपमें धैर्य नहीं है, तो आपकी चंचलता आपको एकाग्र नहीं होने देगी। ऐसी स्थिति में आप अपनी शक्तियों को एक ही कार्य में नहीं लगा पायेंगे और उचित परिश्रम के अभाव में परीक्षा की मेरिट में आने से वंचित रह जायेंगे। अतः जीवन में धैर्य की बहुत ज़रूरत होती है।

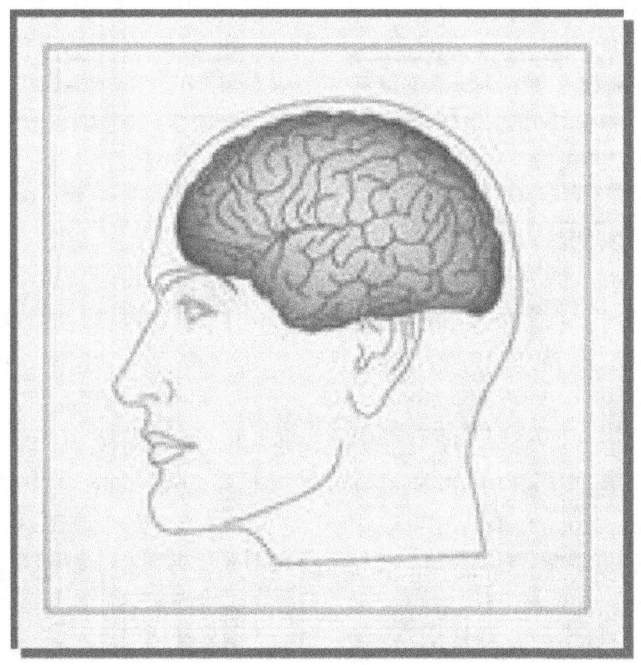

वास्तव में, धैर्य बहुत बड़ा बल है और अधैर्य बहुत बड़ी निर्बलता। धैर्य बना रहे इसके लिए स्थिर बुद्धि होना बहुत ज़रूरी है। धैर्य टूट जाना वैसा ही होता है, जैसे कोई रस्सी के सहारे ऊपर चढ़ रहा हो और बीच में धैर्य रूपी रस्सी टूट जाये। ऊपर तक पहुँचने के लिए धैर्य रूपी रस्सी का न टूटना अनिवार्य है। इसलिए धैर्य की रस्सी को मज़बूत करें।

बुरी आदतों से बचें

बुरी आदतें तन और मन पर बुरा असर डालती हैं, आपको लक्ष्य से हटाती हैं और समाज में आपका सम्मान गिराती हैं, वे ही बुरी आदतें हैं। अपनी उन्नति और सम्मान के लिए बुरी आदतों को तत्काल छोड़ देना चाहिए और उनके स्थान पर अच्छी आदतों को विकसित करना चाहिए।

बहुत से लोग पान, तम्बाकू, गुटका, धूम्रपान, आलस्य तथा लापरवाही जैसी अनेक बुरी आदतों के शिकार हो जाते हैं। परिणाम यह होता है कि वे अपने कार्य पर पूरा ध्यान नहीं दे पाते और परीक्षा की मेरिट में आने से रह जाते हैं। इसलिए अच्छी आदतों को अपने जीवन में अपना कर प्रगति कर सकते हैं। ये अच्छी आदतें हैं–नियमितता, सत्यता, स्थिरता और शीघ्रता। नियमितता के अभाव में समय नष्ट होता है, सत्यता के अभाव में दूसरों की अपेक्षा अधिक हानि उठानी पड़ती है, स्थिरता के न होने से कोई कार्य नियमानुसार पूरा नहीं किया जा सकता है और शीघ्रता को अमल में न लाने से व्यक्ति जीवन में भली प्रकार से उन्नति नहीं कर सकता है।

अपनी भूलों से सबक लें

संसार में ऐसा व्यक्ति खोजना मुश्किल है, जिससे जीवन में भूल न हुई हो। अपनी भूलों को हम आसानी से स्वीकार नहीं करते, जबकि हमारी भूलें सद्गुणों के सीखने का अभिन्न अंग हैं। ये हमारे लिए सफलता की सीढ़ी हैं। भूल करना कोई अपराध नहीं है, जब तक कि आप उसमें सुधार करने का प्रयत्न करते रहते हैं। आपकी भूलें यही दर्शाती हैं कि आपको सफलता पाने के लिए और कितना परिश्रम करना शेष है। अपनी भूल मान लेने से यह फ़ायदा होता कि हम वैसी भूल दोबारा नहीं करते और इस प्रकार अपने सुधार का अनुभव होता है। इसलिए जो छात्र अपनी भूलों से शिक्षा लेकर अपनी कमियों को सुधार लेते हैं, वे अवश्य ही मेरिट में स्थान पाते हैं।

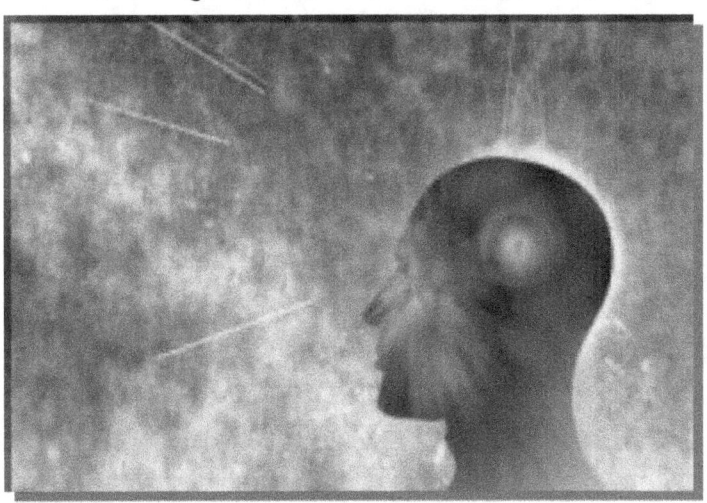

जिज्ञासा का भाव रखें

जिज्ञासा के बिना ज्ञान प्राप्त नहीं होता। 'जिज्ञासा' का मतलब है। 'जानने की इच्छा'। विद्यार्थी में नयी वस्तु और नये विषय के प्रति उत्कण्ठा एवं जिज्ञासा होनी चाहिए, तभी वह ज्ञान प्राप्त कर सकता है। अपनी पाठ्य पुस्तकों के प्रति जिज्ञासा का भाव रखना बुद्धि का विकास करने में सहायक होता है। जिज्ञासा तीव्र बुद्धि का स्थायी और निश्चित गुण है।

जिज्ञासा से एकाग्रता बढ़ती है और पढ़ी हुई सामग्री शीघ्र याद हो जाती है। जहाँ जिज्ञासा रखने वाले छात्र अध्यापक से बार–बार विषय के सम्बन्ध में प्रश्न पूछकर जानकारी बढ़ाते हैं और अपनी शंकाओं का समाधान प्राप्त करते हैं, वहीं जिन छात्रों में यह प्रवृत्ति नहीं होती, ऐसे छात्र कक्षा में दूसरों का मुँह ताकते हुए मूर्ख बने बैठे रहते हैं। अतः यदि आप मेरिट में आना चाहते हैं, तो जिज्ञासु बनें, अपने ज्ञान का विस्तार करें, तभी आपमें आत्मविश्वास पैदा होगा।

आत्म–प्रेरणा से सफलता पायें

मनोवैज्ञानिकों का मानना है कि आत्म–प्रेरणा (ऑटो सजेशन) से इच्छित लक्ष्य प्राप्त किया जा सकता है और अपने व्यक्तित्व के दोषों को भी दूर किया जा सकता है। आत्म–प्रेरणा में बड़ी शक्ति होती है। बस, ज़रूरत यह है कि इसे दृढ़ निश्चय, आम्मविश्वास, कल्पना, अभिलाषा और आशा से जाग्रत किया जाये।

असफलता से घबराएँ नहीं

कई विद्यार्थी प्रति वर्ष परीक्षा में असफल होने पर बुरी तरह निराश हो जाते हैं। प्रत्येक असफल परीक्षार्थी को यह सोचना चाहिए कि परीक्षा में असफल होना कोई अपराध नहीं है, कोई अनहोनी घटना नहीं है, ऐसी कोई बात नहीं, जिसके कारण अत्यन्त दुःखी होकर निराश हो जायें और कोई ग़लत क़दम उठायें। परीक्षा में असफलता मिलना एक प्रकार की चेतावनी है। विद्यार्थी को परीक्षा की तैयारी के लिए जितनी मेहनत की ज़रूरत थी, उतनी नहीं की गयी।

प्रतिभा के धनी बनें

आपका मस्तिष्क अद्‌भुत प्रतिभा का ख़ज़ाना है, लेकिन अधिकांश को इस ख़ज़ाने का ज्ञान नहीं है और न ही उन्होंने इस ख़ज़ाने को कभी प्राप्त करने का प्रयत्न किया है। आपके प्रयासों की प्रतीक्षा करते–करते आपकी प्रतिभा पूरी उम्र यों ही समय गुज़ार देती है और थोड़ा बहुत सदुपयोग किया भी गया, तो अधिकांश अंश अनुपयोगी ही छूट जाता है। यदि आप अपनी प्रतिभा का उपयोग कर लें, तो आपके जीवन में आश्चर्यजनक परिवर्तन आ सकता है। जो विद्यार्थी अपनी प्रतिभा का सदुपयोग पूरे

परिश्रम के साथ, अपने लक्ष्य–प्राप्ति करने के लिए लगा देते हैं, उन्हें इच्छित लक्ष्य अवश्य ही प्राप्त होता है।

याद रखें, विश्व में जितने भी महान् विजेता, महान् कलाकार, महान् साहित्यकार, महान् शासक हुए हैं, उन सबकी उपलब्धि के पीछे एक ही रहस्य था, अथक परिश्रम, कुछ कर दिखाने की प्रबल आकांक्षा, अटूट लगन। इसमें परिश्रम का ही हाथ अधिक था। प्रतिभा का कम। यदि घोर परिश्रम रूपी जल से प्रतिभा को सिंचित नहीं किया गया होता, तो एक असिंचित पौधे की तरह ही वह मुरझा जाती, भुला दी जाती। अतः चुनौतियों से घबराएँ नहीं। उनका स्वागत करते हुए, उन्हें ललकारते हुए, उनसे लोहा लेते हुए लगन, परिश्रम और अध्ययन में जुट जायें। परिश्रम आपको अवश्य ही मेरिट में स्थान दिलायेगा।

✳✳✳

अपनी स्मरण-शक्ति फिर से परखिए

अगर तुम एक समय में बहुत-सा काम करना चाहोगे तो तुम किसी भी काम में पूर्ण सफलता प्राप्त नहीं कर सकोगे।

—*जान्स नारमेंट*

उत्साह, सामर्थ्य और मन में हिम्मत न हारना—ये कार्य की सिद्धि कराने वाले गुण कहे गये हैं।

—*वाल्मीकि रामायण*

विद्यार्थियों! इस कोर्स को पूरा करने के बाद आपकी स्मरण-शक्ति कितनी बढ़ी है? यह जानने के लिए हम आपकी स्मरण-शक्ति का एक छोटा-सा परीक्षण करते हैं, जो इस बात की पुष्टि करेगा कि आज आपकी मेमोरी पॉवर कितनी विकसित है?

तो इसी बात पर आप निम्नलिखित शब्दों को एक क्रम में 5 मिनट में याद करें—

परीक्षण 1.　　　　　　　　　　　　　　　　　　　　अंक 20

Venue	Vegetable	Vice chancellor
Weaker Sex	White livered	Wind bag
Thick headed	Thin skinned	Tin horn
Stag party	Starry eyed	Stiff necked
Red haired person	Right as rain	Regular molly
Proficient	Propaganda	Protectorate
Curriculam vitae	Cut and dried	Cyanide
Agoraphobia	Aquarian	Autonomous
Deport	Discretion	Distributive
Gruesome	Gullible	Gynaecologist
Melancholia	Medulla	Millennium
Quack	Quantum	Quintessence
Officious	Oil cloth	Ordonnance
Bioscope	Bizarre	Boast
Interim	Interlock	Italian

निम्नलिखित तिथियों को आप 2 मिनट में याद करें—

परीक्षण–2 अंक–10

1.	अकबर का जन्म	: 1542
2.	अकबर का शासनकाल	: 1556–1605
3.	सिंहासन पर विराजमान हुआ	: 1556
4.	मालवा पर विजय–पताका फहरायी	: 1561
5.	तीर्थ–कर समाप्त किया	: 1563
6.	जजिया–कर समाप्त किया	: 1564
7.	चितौड़ पर विजय–पताका फहरायी	: 1568
8.	फतेहपुर सीकरी का निर्माण कराया	: 1572
9.	हल्दी–घाटी का युद्ध लड़ा	: 1576
10.	दीन–ए–इलाही की शुरुआत की	: 1582

निम्नलिखित नामों और अंकों को 2 मिनट में याद करें–

परीक्षण–3 अंक–10

1.	ड्राइविंग लाइसेंस नम्बर	: P04021999118305
2.	इंश्योरेंस कार्ड नम्बर	: NIC-IHI-300912-641824
3.	बाइक की रजिस्ट्रेशन तिथि	: 24@06@2005
4.	बाइक का नम्बर	: DL 3S AQ 6482
5.	मोबाइल नं.	: 09313665183

निम्नलिखित पंक्तियों को 1 मिनट में याद करें–

परीक्षण–4 अंक–10

घृणा करनेवाला उस समय यह नहीं जानता कि वह अपने ही विचारों को दूषित कर रहा है और अपने ही शरीर के अन्दर विष घोल रहा है। घृणा करने वाला अपने ही मन को विचलित करता है। इसलिए आपको किसी से घृणा हो गयी हो, तो अपने लिए ही आप घृणा की भावना छोड़ दीजिए। कम से कम दूसरे व्यक्ति में कुछ गुण ढूँढ़ने की कोशिश कीजिए। कम–से–कम इतना तो अवश्य याद रखिए कि वह व्यक्ति भी अपने परिवार और अपनी परिस्थितियों की उपज है, जो उसे विरासत में मिली है।

निम्नलिखित व्यक्तियों के नाम एवं उनकी जन्म–तिथियों को 2 मिनट में याद करें–

परीक्षण–5 अंक–10

1.	वन्दना वोहरा	21 फरवरी 1973
2.	दीप्ति नागपाल	21 अगस्त 1983
3.	अरविन्द आनन्द	11 अक्टूबर 1970
4.	शालिनी जौली	30 दिसम्बर 1970
5.	संगीता सिंह	7 जनवरी 1970

6. डा. रजनी चौधरी   18 अक्टूबर 1970

यह प्रश्न—पत्र 50 नम्बरों का है।

अब आप उपर्युक्त प्रश्नों के उत्तर दीजिए और स्वयं जाँच कीजिए कि आपकी मेमोरी पॉवर कितनी विकसित है? बतायी गयी स्मरण—शक्ति विकसित करने की तकनीकों का पूर्ण रूप से पालन करना चाहिए।

➢ यदि आपने 50 में से 40 अंक प्राप्त किये हैं, तो आपकी स्मरण—शक्ति विलक्षण है।

➢ यदि आपने 25 अंक प्राप्त किये हैं, तो आपकी स्मरण—शक्ति औसत है।

➢ यदि आपने 20 से कम अंक प्राप्त किये हैं, तो आपको इस पुस्तक का विशेष रूप से अध्ययन तथा अभ्यास करने पड़ेंगे, तभी आप अपनी स्मरण—शक्ति बढ़ा पाने में सफल हो पायेंगे।

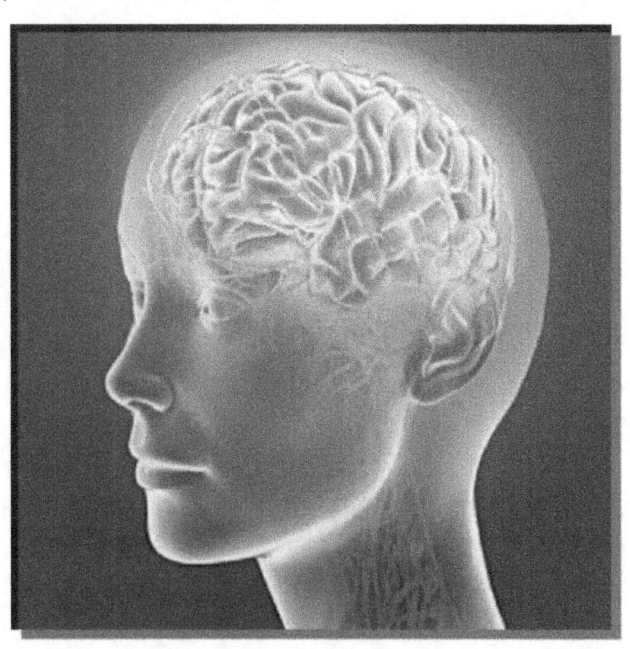

✱✱✱

....और अन्त में

प्रिय पाठकों! आज आपको न तो कुछ पढ़ना है और न ही कुछ जानना है। आज आपको केवल समझना ही समझना है। सबसे पहले आप यह समझिए कि जब हम यह कहते हैं कि यह चीज़ हमें याद नहीं रही, तो मतलब यह होता है कि हमने उस चीज़ के बारे में ठीक तरह से सीखा नहीं था।

याद रखिए, हम जो भी कुछ सीखते हैं, उसका 70 प्रतिशत तो कुछ घण्टों में ही भूल जाते हैं, क्योंकि हम उस चीज़ को सीखने के तुरन्त बाद दूसरी चीज़ें सीखने में जुट जाते हैं, जिससे स्मृति बदलती जाती है, और कभी–कभी तो हम अपने मस्तिष्क में इतनी अधिक चीज़ें भर लेते हैं कि समझ में ही नहीं आता कि हमने क्या–क्या सीखा था।

आपको कोई भी बात याद रखनी हो, तो सबसे पहले उसे ध्यान से देखिए–समझिए और फिर अपने आप से कहिए कि यदि मैं इस बात पर ध्यान केन्द्रित करूँगा, तो बाद में यह मुझे याद आयेगी। और वह बात आपको बाद में ज़रूर याद आयेगी।

अभ्यास करना और दोहराना कुछ भी सीखने और याद करने के लिए बेहद ज़रूरी है। ज्ञानियों ने कहा है–**"करत करत अभ्यास से जड़मति होत सुजान; रसरी आवत जात ते सिल पर परत निसान।"** आप अपनी मेमोरी में जो भी चीज़ फिक्स करना चाहते हैं, उसे सीखने के बाद उसे दोहराइए, उस पर पुनः विचार कीजिए, उसकी व्याख्या कीजिए तथा उसकी चर्चा कीजिए।

मनोवैज्ञानिकों ने अपनी खोजों द्वारा यह पाया है कि एक ही बात को चार घण्टे पढ़ने से वह लाभ नहीं होता, जो उसे एक घण्टा पढ़कर बाक़ी के तीन घण्टे उस पर चर्चा करने से होता है। एक वैज्ञानिक जिसका नाम चार्ल्स कैटरिंग था, दुर्भाग्यवश अपनी दृष्टि खो बैठा। उसने अपना ज्ञान और विज्ञान दोनों सीखने और समझने के लिए दूसरों को कहा कि वे पढ़कर उसे सुनायें। उसने सुन–सुन कर उन बातों को अपने विचारों में चिन्तन और मनन से अपनाकर सबको कमाल करके दिखाया। ऐसा ही विश्वविख्यात थॉमस एडीसन था, जिसको स्कूल में पढ़ने के लिए जीवन में तीन

महीने का ही समय मिला था। परन्तु उस महान् व्यक्ति ने हर बात में उसका स्वरूप ढूँढ़ा और ऐसे–ऐसे आविष्कार किये कि लोग चमत्कृत रह गये।

जिन लोगों को अपनी स्मृति प्रशस्त करनी हो, उन्हें चाहिए कि वे बात लिख लिया करें। यदि कुछ बात याद करने लायक़ है, तो वह लिखने लायक़ भी होगी। यह मत समझिए कि लिखना केवल छात्रों के लिए ही है। जब आप कुछ लिखते हैं, तो आप अपनी याददाश्त को पक्का करते हैं।

शरीर–विज्ञान के जानकारों का कहना है कि मानव–मस्तिष्क में पाँच अरब तहें होती हैं। इनमें से केवल पाँच लाख काम में आती हैं। बाक़ी बेकार पड़ी रहती हैं। यदि यह बात सच है, तो निःसन्देह मनुष्य इतने विचार और स्मरण–शक्ति का मालिक है, जिसका अन्दाज़ा लगाना बेहद मुश्किल है। आज तक किसी भी व्यक्ति ने इन सबका प्रयोग नहीं किया। एडीसन जैसा महान् वैज्ञानिक भी अपने दिमाग़ का केवल तीन–चौथाई भाग ही काम में ला पाया था। विश्व के महानतम वैज्ञानिक अलबर्ट आइंस्टीन भी अपनी मानसिक क्षमता का मात्र 33 प्रतिशत उपयोग कर सके थे। संक्षेप में यह कहा जा सकता है कि मनुष्य अब तक अपनी मानसिक–शक्ति से पूरे तौर पर वाक़िफ़ नहीं हुआ है।

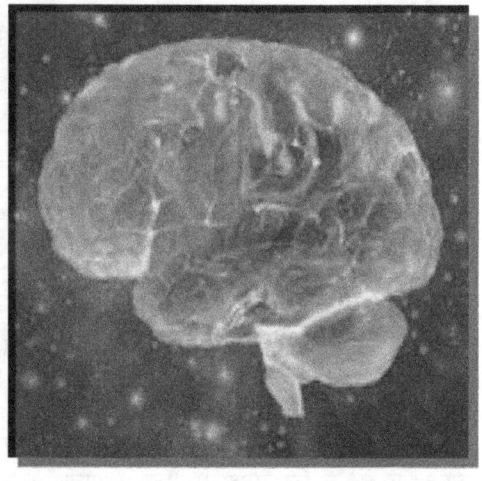

हालाँकि कुदरत ने इनसानी दिमाग़ को बड़ी फ़ुरसत में बनाया है, फिर भी यह मानना पड़ेगा कि हममें से अनेक लोग दिमाग़ी तौर पर कमज़ोर हैं। हमें ऐसा व्यक्ति मुश्किल से ही दिखायी देखा, जिसे अपनी याददाश्त से शिकायत न हो। आजकल लोगों ने इसे एक बीमारी मान लिया है, इसलिए वे हक़ीमों और डाक्टरों के पीछे मारे–मारे फिरते हैं, किन्तु उनके भूलने की बीमारी दूर नहीं होती, बल्कि और बढ़ जाती है।

वैसे मनोवैज्ञानिकों का कहना है कि याददाश्त कोई ऐसी ताक़त नही है, जिसे बढ़ाया न जा सके। अगर हम अपने दिमाग़ का तरीक़े से इस्तेमाल करें, तो हम अपनी याददाश्त को चौगुना बढ़ा सकते हैं। उनका यह भी कहना है कि प्रत्येक व्यक्ति की स्मृति में कोई–न–कोई विशेषता ज़रूर होती है। जिस व्यक्ति को कविता से लगाव है, वह पद्य याद कर सकता है। अन्य कोई भी चीज़ उसकी स्मृति पर इतना गहरा प्रभाव नहीं छोड़ सकती।

जिस चीज़ से आदमी का लगाव या प्रेम होगा, वह उसे बहुत जल्द याद होगी और काफ़ी दिनों तक उसे याद रहेगी। जिन चीज़ों में इनसान की रुचि नहीं होती, फिर उसे याद करना उसके लिए और मुश्किल हो जाता है। जब मैं पढ़ता था, तब मुझे

हिन्दी भाषा से बड़ा प्रेम था और गणित से बड़ी एलर्जी थी। मुझे हिन्दी के कई मुहावरें और लोकोक्तियाँ, उनकी व्याख्या, कठिन शब्द और गम्भीर से गम्भीर पद्य अर्थ–सहित बिना कठिनाई के याद हो जाते थे, जबकि गणित के छोटे–छोटे फ़ामूर्ले मुझे बेहद कोशिशों के बावजूद भी याद नहीं हो पाते थे।

वास्तव में, दिमाग़ की ताक़त ग़ौर से देखने की है। बहुत कम लोग इस ताक़त के बारे में जानते होंगे। एक व्यक्ति के घर में वर्षों तक एक गाय बँधी रहती है। गाय का एक सींग छोटा और एक बड़ा है। लेकिन वह यह नहीं बता सकता कि दायाँ सींग छोटा है या बायाँ। एक व्यक्ति वर्षों तक एक दफ़्तर में कार्य करता है, लेकिन यदि उससे पूछा जाये कि उसके कमरे में कितने रोशनदान हैं, तो उसे उत्तर देने से पहले कई बार सोचना पड़ेगा।

बहुत से लोग इसे दिमाग़ की कमज़ोरी समझते हैं, जबकि हक़ीक़त में ऐसा नहीं है। असल में यही अध्ययन या एकाग्रता की कमज़ोरी है। असल में, देखा जाये, तो वे ही लोग ज़्यादा भूलते हैं, जो किसी चीज़ को याद रखने में अपने मस्तिष्क को एकाग्र नहीं रख पाते। नब्बे प्रतिशत से भी अधिक लोग ऐसे हैं, जो कोई भी काम करते हैं, तो उनका ध्यान कहीं और होता है। अब आप श्रीमान 'अ' को ही लीजिए। ये माचिस की डिबिया अपनी किचन में ढूँढ़ रहे हैं, जबकि कुछ देर पहले इन्होंने माचिस की डिबिया अपने बिस्तर के तकिए के नीचे रखी थी। उस वक़्त इनका ध्यान खिड़की से बाहर आकाश पर छाई हुई घटाओं को देखने का आनन्द ले रहा था। इसलिए यह बात बिना किसी विवाद के कही जा सकती है कि ग़ौर से देखना याददाश्त का महत्त्वपूर्ण अंग है।

देखा गया है कि कुछ विद्यार्थी दिन–रात पढ़ते हैं और कुछ विद्यार्थी परीक्षा आने पर ही पढ़ते हैं, और फिर भी उन विद्यार्थियों से अच्छे नम्बर प्राप्त कर लेते हैं, जो रात–दिन पढ़ते हैं। इसका एकमात्र कारण यही है कि अच्छे अंक प्राप्त करने वाले छात्र अपने अध्यापक की बातें एकाग्रचित्त होकर सुनते हैं और उनके चित्र अपने मस्तिष्क में गहराई तक अंकित करते हैं, जबकि दिन–रात पढ़ाई करने वाले छात्रों का ध्यान कहीं और होता है।

वास्तव में, एकाग्रता ही वह चाबी है, जो स्मृति के बन्द कपाट खोलती है। यदि आप अपने अफ़सरों, मातहतों, साथियों, और ग्राहकों की हर बात ध्यान से सुनेंगे, घर, दफ़्तर और व्यापार के सारे कार्य पूर ध्यान से करेंगे, तो आपकी स्मरण–शक्ति को चौगुनी होने से कोई नहीं रोक सकता। इसके अलावा विचारशीलता भी स्मृति की सच्ची सहायक है। किसी

काम में सोच–समझकर हाथ डालना, काम के दौरान सोच–विचार से काम लेना और काम समाप्त करने के बाद उसके परिणामों को मन की दृष्टि से देखना आपकी स्मृति को न केवल बलवान् करेगी, अपितु आपकी मानसिक योग्ताओं को भी बढ़ायेगी।

अच्छी स्मृति पाने के लिए पुनरावृत्ति और बातचीत की आवश्यकता से इनकार नहीं किया जा सकता। गणित के फ़ामूर्ले, कविता, नुस्ख़े और नाटक के पार्ट बार–बार रटने से ही याद होंगे, परन्तु किसी वस्तु को तोते की तरह रटना भी व्यर्थ है। उसके अर्थ की ओर भी ध्यान रखना चाहिए। मन–ही–मन रटने के बजाय ऊँचे स्वर में रटना अच्छा है।

जो लोग सच में अपनी स्मरण–शक्ति चौगुनी करना चाहते हैं, उन्हें अपना जीवन नियमित और व्यवस्थित ढंग से गुज़ारना चाहिए। यहाँ कहने का तात्पर्य है कि उन्हें अपने घर–दफ़्तर की हर चीज़ करीने से रखनी चाहिए। अगर आप तौलिए को अलमारी में रखेंगे और अलमारी के कपड़े स्टोर रूम में रखेंगे, तो आपकी याददाश्त शर्तिया आपका साथ छोड़ने में एक पल भी नहीं गँवायेगी।

अच्छी स्मृति के लिए आपका चिन्तामुक्त रहना बेहद ज़रूरी है। अतीत के जानवर को जब बहुत पहले ही दफना चुके हैं, फिर गड़े मुर्दे उखाड़ने से क्या फ़ायदा। अतीत की दुःखदायी बातों को याद करके आप अपने–आपको परेशान ही करेंगे, इसके अलावा आपको कुछ हासिल नहीं होने वाला। इसी के साथ आप एक बात यह भी याद रखिए कि भविष्य की चिन्ता भूतकाल के पछतावे से भी बुरी है। किसी ने ठीक कहा है–'भयंकरतम आपत्तियाँ वही हैं, जो कभी नहीं आती।' कल्पित आपत्तियों को क्यों मस्तिष्क पर अधिकार करने दिया जाये?

अन्त में, इन छोटे–मोटे नियमों के पालन से हम अपनी स्मरण–शक्ति को न केवल सुधार कर सकते हैं, बल्कि उसे अकल्पनीय रूप से विकसित भी कर सकते हैं। यह बात सौ फ़ीसदी सच है कि जिन लोगों ने अपने जीवन में अच्छे–अच्छे काम करके नाम कमाये हैं, वे अपनी याददाश्त को तेज़ रखने के लिए निरन्तर अभ्यास किया करते थे। यदि हम उनके जैसा बनना चाहते हैं या उनके पद–चिह्नों पर चलना चाहते हैं, तो हमें भी अपने दिमाग़ की ताक़त को बढ़ाना होगा और यह काम ग़ौर से देखने और हर रोज़ अभ्यास करने से ही हो सकता है।

***

अन्त में....

हम आशा करते हैं कि प्रस्तुत पुस्तक में आपकी 'परीक्षा में अव्वल कैसे आएं' संबंधी सम्पूर्ण जिज्ञासाओं का समाधान हो गया होगा। इस संबंध में विस्तार से जानकारी प्राप्त करने के लिए आप हमारे यहाँ से प्रकाशित कोई दूसरी पुस्तक लेकर अपने ज्ञान में वृद्धि कर सकते हैं।

आत्म-विकास/व्यक्तित्व विकास

Also Available in Hindi   Also Available in Hindi   Also Available in Kannada, Tamil

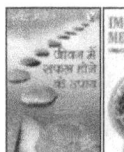      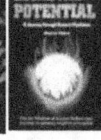 

Also Available in Kannada

Also Available in Kannada

      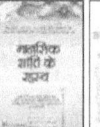 

हमारी सभी पुस्तकें www.vspublishers.com पर उपलब्ध हैं

धर्म एवं आध्यात्मिकता/ज्योतिष/हस्तरेखा/वास्तु/सम्मोहन शास्त्र

कैरियर एण्ड बिजनेस मैनेजमेंट

Also Available in Hindi, Kannada

     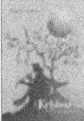

Also Available in Hindi, Kannada

  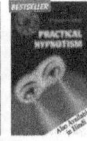   

हमारी सभी पुस्तकें www.vspublishers.com पर उपलब्ध हैं

क्विज़ बुक	इंगलिश इम्प्रूव

एक्टिविटीज़ बुक	उद्धरण/सूक्तियाँ

आत्मकथा

आई ई एल टी एस टेक सीरीज़

चिल्ड्रेंस साइंस लाइब्रेरी

कम्प्यूटर्स बुक

Also available in Hindi   Also available in Hindi

हमारी सभी पुस्तकें www.vspublishers.com पर उपलब्ध हैं

छात्र विकास | लोकप्रिय विज्ञान

     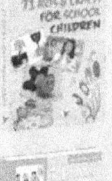 

Also Available in Hindi

Also Available in Hindi   Also Available in Hindi

Also Available in Hindi   Also Available in Hindi

प्रश्नोत्तरी की पुस्तकें

Also Available in Hindi   Also Available in Hindi, Tamil & Bangla

ड्राइंग बुक्स

चिल्ड्रेंस एंसाइक्लोपीडिया

हमारी सभी पुस्तकें **www.vspublishers.com** पर उपलब्ध हैं

हिन्दी साहित्य

संगीत/रहस्य/जादू एवं तथ्य

Also Available in Hindi

कथा एवं कहानियाँ

NEW All Books Fully Coloured

बच्चों की कहानियाँ

बांगला भाषा की पुस्तकें

हमारी सभी पुस्तकें www.vspublishers.com पर उपलब्ध हैं

www.ingramcontent.com/pod-product-compliance
Lightning Source LLC
LaVergne TN
LVHW051158080426
835508LV00021B/2695